わたしの
解放
ガイド

JN111586

Primary
Professional
Therapist

OCO 著

やりたいことが見つからない。
人生に、希望が見えない。
そこはかとなく不安がある。

そんな思いを抱えながらも、
日々に追われて懸命に生きている。
あなたも、そんなひとりではありませんか。

あなたにとって、こころが動いて、

からだが自然と動き出すことは何でしょう。
反対に、なぜだかわからないけれど、
気乗りがしないと
感じることはどんなことでしょう。
もしかすると、そんな自分の気持ちにすら
気づけなくなっているかもしれません。
頭でばかり考えて、「～ねばならない」に
とらわれてしまうようになったのは
いつからでしょうか。

こころの内側を丁寧に見ていくと、
あなたのこころは、
どんな声を発しているのか、
本当はどうありたいと
告げているのか。
わたしたちは、知ることができます。

自分が本当に望んでいることは
何なのか？

もやもやした感情の原因は
どこにあるのか？
願いをみずから阻《はば》んでしまうのは
どうしてなのか？

本書では、そんなあなたの
こころを縛るものからの解放へ、
その道筋をガイドします。

自分が本当に望んでいることを知り、
こころを解放するヒントは、

「好き・嫌い」

「快・不快」

「やりたい・やりたくない」

などの感情を自分自身で
とことん感じきること。

それが第一歩になります。

表面的な自分自身ではなく、
あなたのこころの深層を
見つめていきましょう。

見つめていくための鍵は、
あなただけが手にしています。
あなたの内側の深いところに、
あなただけの答えがあるということを
切に伝えたいと思っています。

はじめに

はじめまして。セラピストのOCO《オコ》と申します。このたびは本書を手に取っていただき、ありがとうございます。

本書は、「本当の自分を知る」というテーマを意図して生まれました。

「本当の自分を知る」。

それは、とても深いこころとからだに根づいた深層のお話になります。

あなたが自身のこころとからだ、その声なき声に気づいて、本当に自分が望むことを見つけていく。

本書を通じて、そうしたこころの解放のヒントをお伝えしたいと思っています。

みなさまは、自分の根底にある本当の気持ちについて、どこまで深く掘って考えたことがあるでしょうか。
「わたしはこうありたい！」と、すぐに答えが出る方は、「頭で考える自分」と、「本当の自分」とがちゃんと手をつなぐことができている、とても素晴らしい意識をお持ちです。

けれど、激しい競争社会や不確かな世の中に生きているわたしたち現代人は、ともすると、「本当の自分」を見失いがちです。
「失敗することは許されない」「うらやましがられる人生がいい」「嫌われないように、まわりに合わせなければならない」「役に立つ自分でなければ、存在価値がない」……。

というふうに、いつのまにか思わされているフシはないでしょうか。もしそうであるとするならば、あなたの人生は無自覚に、つねにストレスフルで疲れやすいものであり、気持ちはもやもやとして、なんだか晴れない状態にあるのかもしれません。

「わたしは、本当はどうしたかったんだっけ？」

「本当は何が好きで、何を大切にしてきたんだっけ？」

「こころから夢中になれることって、何だっけ？」


それらがいま、よくわからなくなっていたとしても、あなたの中の「本当の自分」は、ちゃんとそこにいます。

「じゃあどこにいるの？」というと、
その答えはこころの深い部分。

潜在意識という場所に、「本当の自分」はしっかりと息づいているのです。

意識の表層には、不安や喜び、寂しさなど、さまざまな感情があります。

たとえば、ある出来事に対して、「怒り」の感情が湧き上がってきたとしましょう。そのとき、表層の感情は怒りだったとしても、深層にあるものを深く深く探っていくと、そこには何らかの「悲しみ」など、別の感情が隠れていることがあります。

自分が大切にされなかったこと、傷ついたこと。そういった本当の気持ちや思考、感覚的なものに気づいていくことは、「自分」で「自分」を大切にすることであり、「自分」のことをより深く知って、解放していくことにもつながっています。

わたしは、セラピストとして活動する以前、もともと医療現場で働く理学療法士でした。

救急医療の現場では、あらゆる疾患の方に目的を持って療法士が介入します。人工呼吸器につながれている患者さんが、再び自らの意志で呼吸ができるようになるために、呼吸介助をしながら、「なぜ・いつから」このような状況になっていったのかを、患者さんの声なき声に問うた多くの時間をいまでも覚えています。

からだはとても賢く、正直で、そして神秘的であるということを、命に対峙《たいじ》するたびに強く感じていました。

表面的なからだではなく、内側にある、声なき声を発するチカラをすべての人間が持っている。そして本人が抱える、目には見えない痛みの根源を知ることが、本質的な治療の始まりであるという思い。それがいまのわたしのあり方につながっています。


そこからは独学で、国内外の理学療法分野、西洋医学をベースとしつつも、発生学や東洋医学、アロマ、キネシオロジー（ボディ傾聴）、ヨガ、アーユルヴェーダ、クラニオセイクラル（頭蓋骨ベースの整体）、フラワーエッセンス、心理学などから、「こころとからだのつながり」について学びを深めていきました。

そして現在は、クライアントを包括的に整えるPrimary Professional Therapist（プライマリー・プロフェッショナル・セラピスト）として、活動を続けています。

自分はどんなことであれば、こころもからだも、突き動かされるのか。
その鍵を握る「本当の自分」には、どうすればつながることができるのか。

みなさまにとっての「本当の自分」。

では、「本当の自分に会いに行く」プロセスに、早速踏み出してまいりましょう。
「こうありたい」という本当の願いが見つかることを、こころから願って。

セラピスト　OCO

Chapter3 願いを阻むエゴブロック

Chapter4 本当の自分を知るためのステップ

Primary
Professional
Therapist

Chapter 1

こころの仕組み

Primary
Professional
Therapy

Chapter 1

・KEY・
01 こころとからだはつながっている

医療従事者としての経験から、からだはとても正直だと実感しています。

たとえば、ケガをして入院された、働き盛りの患者さんのケース。リハビリの目的は「職場復帰」と言い、「早く復帰しなければ、まわりに迷惑をかけてしまう」と思い込んでいるようでした。けれどもじつは、「あんなブラック企業では、もう働きたくない！」という本心に気づいていなかったのです。

この場合、いくら職場復帰のためのリハビリを行ったとしても、本心のゴールとは真逆ですから、からだはついてこないし、思うように改善しない、ということが起こります。この方が深いところで願っているのは、「もっと自分の時間を、からだを大切にしたい」ということだからです。

こころと密接につながっている、からだ。

それは、わたしたちが思う以上に正直です。それゆえに、「本当の自分」が出している声と反することを続けてしまうと、からだはあらゆる方法で「違う！」というサインを出してきます。

「仕事にストレスを抱えながらがんばっているうち、睡眠障害になってしまった」「一緒に住んでいる母親との関係が悪く、眉をしかめるほどストレスを感じていて、偏頭痛にも悩まされている」

……このように、「本当の自分」と、動かしているからだの目的が合致していないとき、本当の自分の声にフタをして自分を酷使《こくし》しているとき、こころとからだはどんどん分離していってしまい、いろいろな不具合を起こし始めてしまうのです。

では、「本当の自分」は、どんな声を出しているのでしょうか。

それを探るために、まずはわたしたちのこころの仕組みについて紐解いていきましょう。

・KEY・
02

「本当の自分」はどこにいる？

わたしたちのこころの中で、

「本当の自分」はどこにいるのでしょうか。

「こうありたい」と、こころから願っている「本当の自分の望み」は、どうやって見つければいいのでしょうか。


それをわかりやすく知るために、次ページでは、わたしが考える「こころの仕組み」を図にしてみました。

また、この本の各章で解説していくテーマも、図に表していきます。


まずは、次の図を見てみましょう。

Chapter1　こころの仕組み

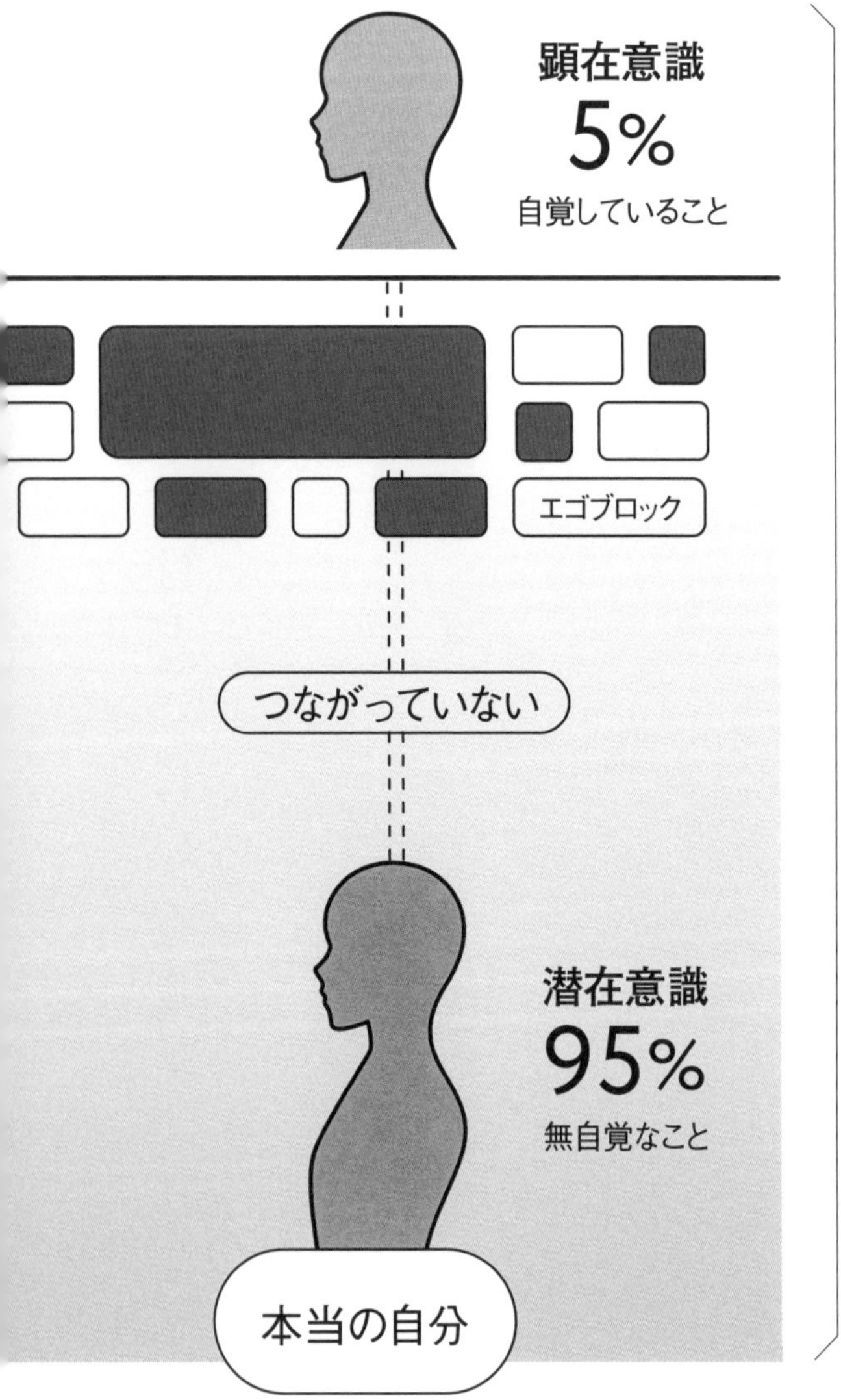

本当の自分とつながっていない状態

Chapter2

もやもや
している自分

不安

もやもや

悩み

Chapter3

願いを阻む
エゴブロック

こころのエラー

本当の自分が
望んでいる
こと

Chapter4

本当の自分を
知るためのステップ

本当の自分を知るためには…

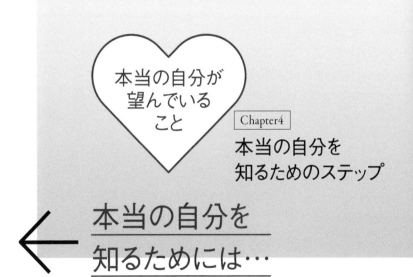

こころの仕組み

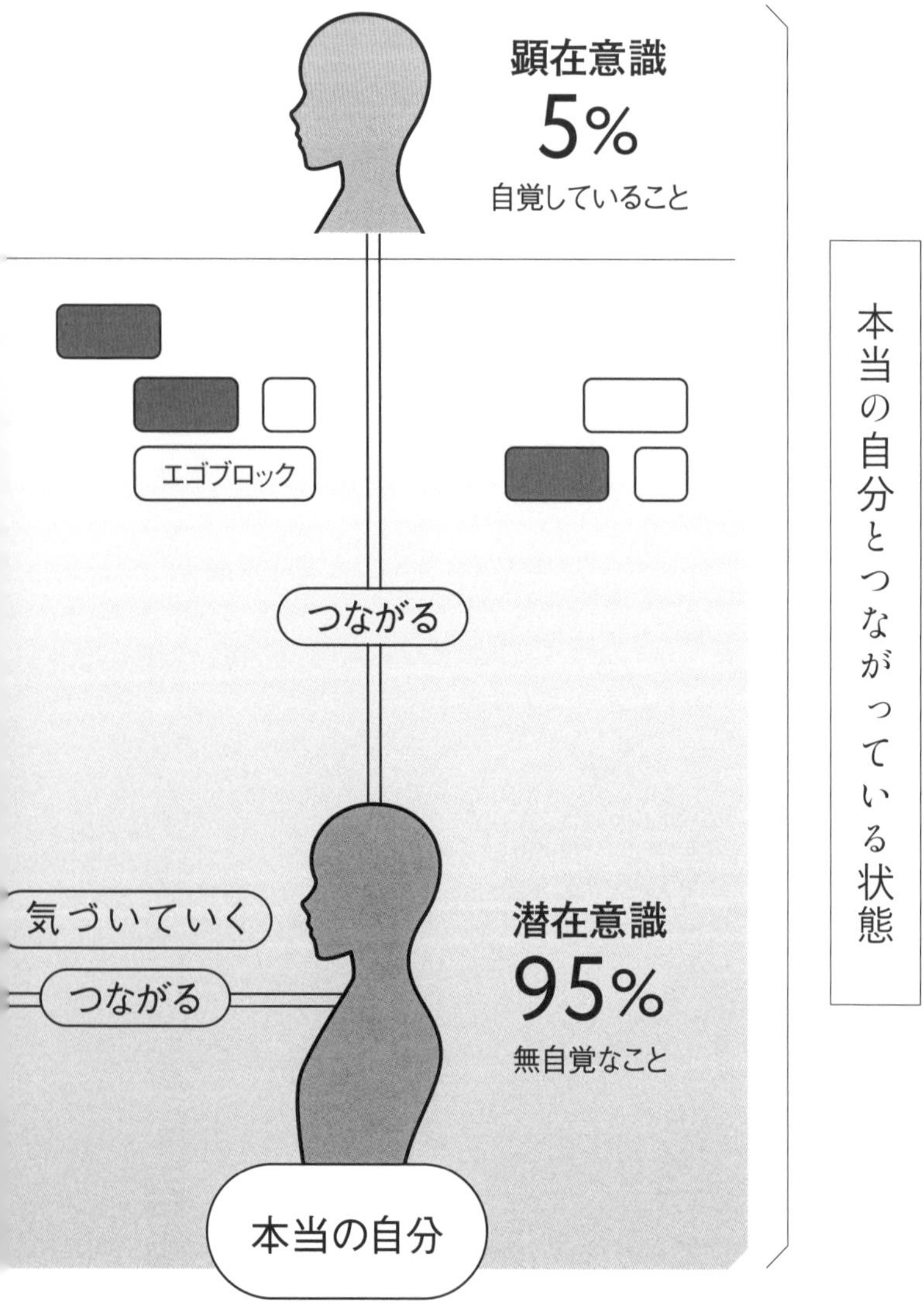
顕在意識
5%
自覚していること
エゴブロック
つながる
気づいていく
つながる
潜在意識
95%
無自覚なこと
本当の自分
本当の自分とつながっている状態

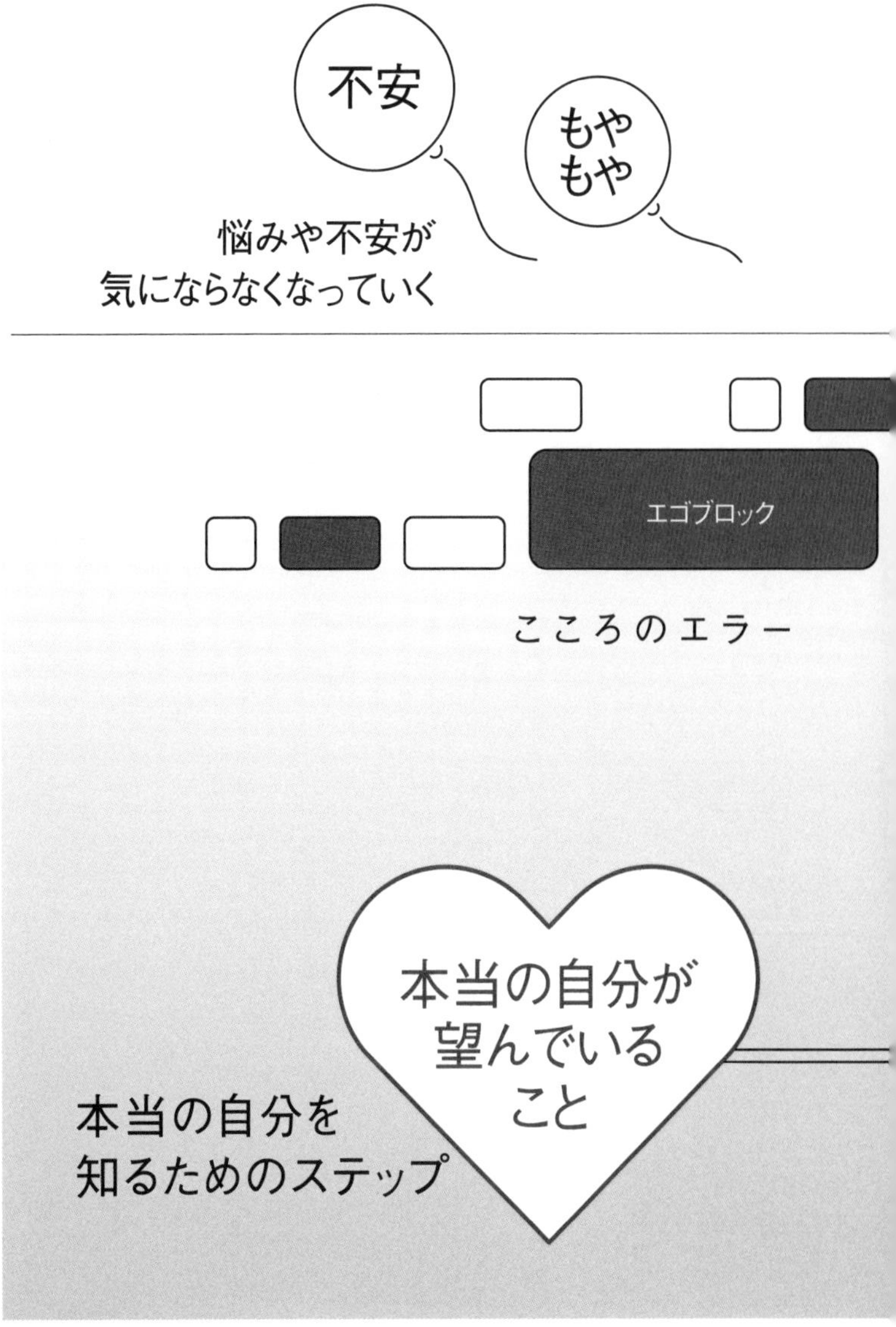
不安
もやもや
悩みや不安が
気にならなくなっていく
エゴブロック
こころのエラー
本当の自分が
望んでいる
こと
本当の自分を
知るためのステップ

人間の意識は、

自分で自覚できる顕在意識と、

無自覚の潜在意識に

分けられます。

わたしたちが「意識」と呼んでいる、このすべてを100％とすると、顕在意識はたったの5％。そして潜在意識のほうは95％もあると言われています。

このうち、日常的に使われているのはたった5％の顕在意識のみです。潜在意識のほうは意識の深層部に潜み、隠れているので、自由自在に使うことはできないものの、95％もの総量を占めています。とても大事なものであるにも関わらず、わたしたちは普段はそれを知ることなく過ごしている……というわけです。

目には見えず、無自覚ではあるけれど、内側の深い部分にあって、「本当の自分」である潜在意識。この領域には、わたしたち人間が無意識に思っていることや感

Primary
Professional
Therapy

Chapter 1

じていること、とても大切にしているものや望んでいること（本心、本音、信念、意図）が、存在しています。

つまり、本書のテーマでもある

「本当の自分」のことは、潜在意識がその全貌を知っている、

ということになるのです。

いま、この現実を作り出しているのは「自分」です。それなのに、物事が思うように進まないのはなぜなのか。じつは目に見えている5％の顕在意識ではなく、隠れている95％の領域である潜在意識に目を向けていくことが、解決の糸口になっていくのです。

いまの自分が、悩みや不安を感じたり、こころがもやもやしてしまうのはなぜなのか。

そして、この顕在意識と潜在意識がつながることを阻《はば》むエゴブロックとは何なのか。それは、このあとの章で順を追って説明していきます。

・KEY・
03
〝からだ〟の中にあるもの

「わたしは、どうありたいのか」。

それがあなたの本来の願いであるかぎり、からだはあなたの思いをくみ取り、自然についてきてくれるようにできています。それは人間の持つ素晴らしいシステムであり、わたしたちのからだは、その神秘的な潜在的能力をそもそも秘めています。

たとえば「水を飲みたい」と感じたとき、わたしたちはペットボトルに手を伸ばし、いとも簡単に手に取ることができますね。

このときのからだの動きを理学療法士として言い表すと、

「三角筋の中部線維を使って、上肢を90度屈曲して、上腕三頭筋を使って伸展させ、手指の伸筋を使い……」となるわけですが、わたしたちはいちいち動作のたびに、そんなことを頭の中で思考していません。

健康なからだは、目の前にある水を「飲みたい」と思ったとき、自然に手を伸ばし、それを取ることができます。こころも同じで、健全な状態であればまっすぐに、本質的な望みに、勝手に向かうようになっています。つまり

こころにも、その人を突き動かそうとする「何か」がある。

それは、「無意識の望みではないか」と、医療者としての経験を積む中で、思うにいたりました。

そもそもわたしたちは、立ったり座ったりしているだけで、ずっと重力に逆らい続けている、ということに無自覚です。

けれど、この「重力に逆らい続けている」ということがどれほどすごいことなのか、いま一度見つめていただきたいと思います。

風邪をひいたり、腰を痛めたり、あるいは精神的に辛《つら》いことがあって寝込んだとき、ベッドからからだを起こし、頭を持ち上げることがいかに大変かを知る……という経験があるかと思います。

こころもそれと同じで、こころがエラーを起こし不健全な状態だと、自分が望んだことにまっすぐに向かえなくなる、ということが言えます。

・KEY・
04

〝わたし〟の中心にあるもの

あなたの中心には、ある「答え」があります。


それはとても深いこころの深層部に、潜在意識に、力強く存在しています。目には見えないけれど、たしかにある、〝声なき声〟。

それは誰のものでもない、あなただけの「本心」です。


本心は、「わたしは、本当はどうありたいか」という、本質的な願いです。

それは本来、他人の目や社会的な評価からは、切り離されているもの。

あなたの本心は、「どうすれば望む願いに向かっていくことができるのか」ということを知っています。さらに、何から取り組むべきなのか、自分にとって、物事の正しい優先順位さえもじつは熟知しているのです。

そうした本心は、普段の思考とは異なり、あなたのこころの内側から、無意識に湧き上がってくるもの。過去の深い記憶、トラウマといった原体験などからこころの深層に伝わる情報で、あなたの日常の行動、思考のすべて、対人関係、仕事、経済においても、いまこの瞬間も影響を与え続けているのです。

このこころのプログラミングによって、あなたの「いま」と「現実」は成り立っています。

そう聞くと、「いいえ。わたしはこんな現実を望んでいたわけではありません!」と抵抗を感じる方が、きっとおられることでしょう。けれどその「いま」や「現実」が、あなたが無意識のうちに、いつのまにか刷り込んだ思い込みであるならば、どうでしょうか。

「どうせ、わたしは認められない」

「わたしなんか、愛されない」……。

あなたの「いま」や「現実」は、そのような否定を起点とした、無意識の思い込みが反映された世界なのかもしれません。

望まない現実が起きるのは、あなたの深層にあるものがエラーを起こしているのであり、あなた自身に問題があるわけではないのです。

もしもあなたが、具体的な悩み、あるいは漠然とした不安を抱えておられるのであれば、それは「本来の自分ではない自分」を生きているせいなのかもしれません。

あなたの深層にある本心。

それは目には見えなくても、いますぐ自覚することができなくても、いずれ「本当はこうありたい」という、あなた本来の願いに立ち返ることができるでしょう。

それは、表層の自分が、本当の自分と手をつなぎ、仲良くなっていくという人生のプロセスそのもの。自分が自分とつながるプロセスにおいてのみ、あなたはいまここから、本当に望む自分へと向かっていくことができるのです。

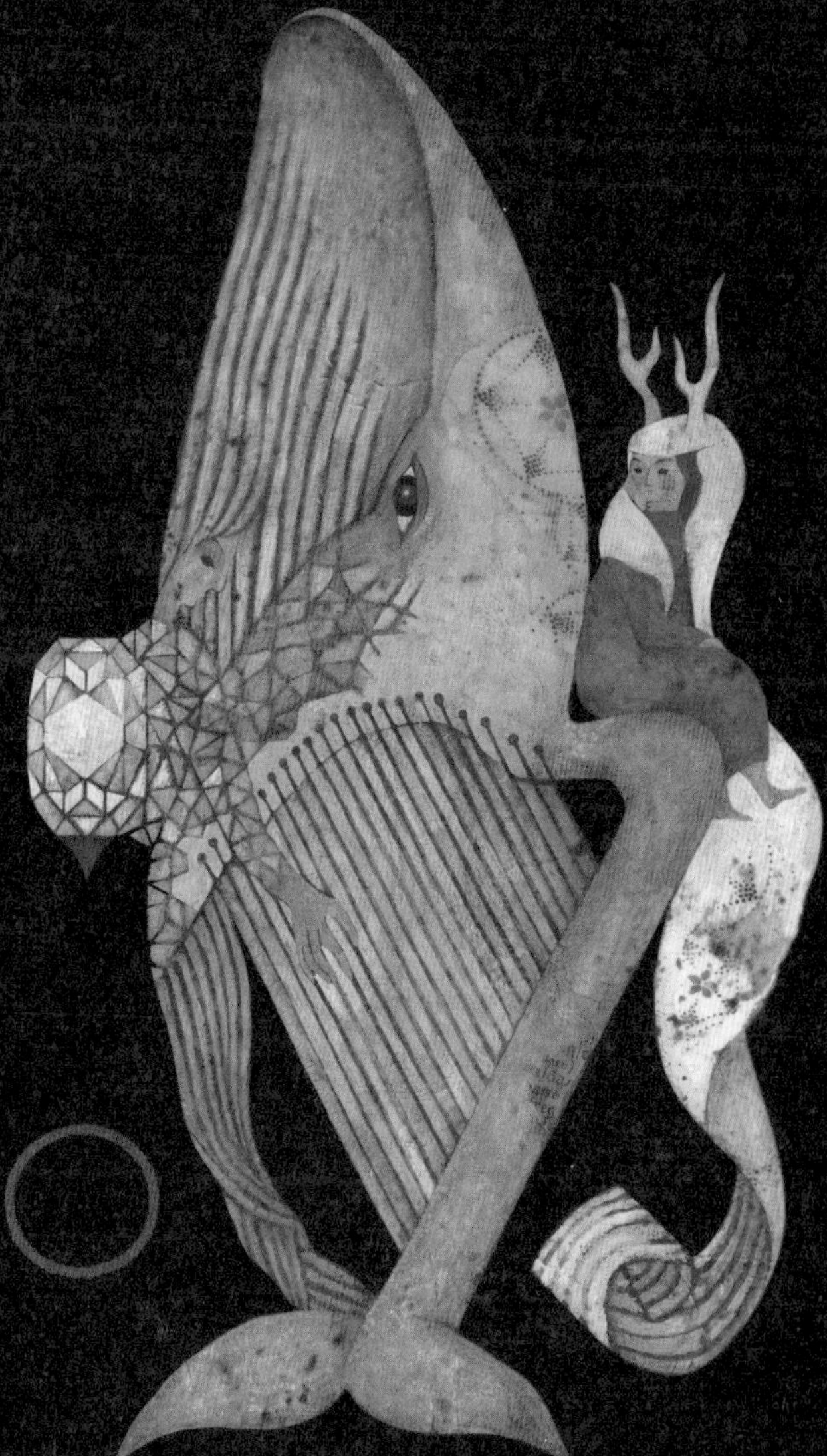

Primary
Professional
Therapist

Chapter 2

もやもやしている自分

~名前のない感情に気づく~

・KEY・
05

もやもやしている理由を探ろう

悩みがある、不安を感じる、なんだかもやもやする……。

そんなとき、あなたのこころの奥深いところには、「名前のない感情」が潜《ひそ》んでいるのかもしれません。

けれど、「こころの中に、自分でも何か、よくわからないものがある」という感覚は、じつはとてつもなく素晴らしい気づきなのです。

「本当の自分」が潜《ひそ》むこころの内側の深い部分は、わたしたちの目には見えません。そのためわたしたちは、「本当の自分が望んでいること」を見失いがちです。

そこでこの章では、「なんだかもやもやしている」「すっきりしない」という感情について、何が原因なのか、そしてどう考えればそのもやもやから解放されていくのか、詳しく見ていきましょう。

・KEY・
06

もやもやしている理由その①

〝他者〟を介在させている

こころがもやもやして、割り切れない気持ちでいっぱいになってしまう。

そんなときは、物事について「〝自分〟が主体で考えられているか？」ということを確認してみましょう。

そのためには、いつも自分に自覚的でいることが重要です。たとえば、

「わたしは、どんなことに対して喜びや充足を感じるのだろう？」

という問いを、いつも自分自身に投げかけてみてください。

みなさんにはそれぞれに、喜びを感じることがいくつか思い浮かぶのではないかと思います。

けれど、実際は現状の生活に不満があったり、「こうありたい」という願いはあるのになかなか叶《かな》わずにいたり。自分の〝こうしたい〟は、そこにちゃんとあるにも関わらず、「いま自分は幸せではない気がする」と感じてしまうのは、一体なぜなのでしょうか。

人は悩みごとを抱えているとき、また、〝わたしはこうありたい〟と思っているとき、多くの場合、そこに〝他者〟を介在させているからです。

たとえば、次のような感じです。

【悩み】恋人がいないから、わたしは孤独だ
↓
【望み】恋人がいれば、わたしは幸せになれる

【悩み】上司が自分の実力を認めてくれないから、毎日が不満だ
【望み】同僚よりも早く昇進して、成功を手に入れたい
【悩み】子どもに怒ってばかりでイライラしてしまう
【望み】子どもにはもっと、自分の言うことをちゃんと聞いてほしい

いかがでしょうか。

どのケースにも自分以外の他者が介在し、他者が変わることで、自分の悩みは解決し、望みは叶う、というどこか他者頼みの視点が見て取れると思います。

けれど基本的には、他者を変えることはできません。

その前提を忘れて「ああなりたい」「こうであってほしい」と望んだとしても、他者をコントロールすることは不可能。結局はいつももやもやが残り、同じようなところをぐるぐると悩み続けてしまい、思考のネガティブな堂々巡りに、みずからハマっていってしまいます。

「こうありたい自分」を見つめてみるとき、最も重要なポイントは、「他者を介在させない」ということ。

まず、すべての問題は「自分から発生している」と捉えてみましょう。

つまり自分の問題として、自分で改善できる部分にだけ、着目するということです。

そして「じゃあ自分は、どうしていきたいのだろう?」という願いにフォーカスを合わせていく。他者のことは一旦脇に置いて、自分の願いを丁寧に見つめていきましょう。するとようやく、「〇〇な自分でありたい」と、ふと湧き上がる想いがあることに気づいていきます。

「自分はどうありたいのか」。

それは、他者が介在しないところに大きなヒントがあります。この視点はとても重要です。

たとえば先程の例を、他者を介在せずに「自分だけのこと」として変換すると、次のようになります。

「なぜわたしは、恋人がいないと幸せではないと思うのか」
「なぜわたしは、同僚より先に昇進がしたいと思うのか」

「なぜわたしは、子どもに対していつも怒ってしまうのか」

恋人がいないこと・上司に理解がないこと・子どもがやるべきことをしないこと……。普段から無自覚に抱いている不満について考えを巡らせている、と気づいたら、他者に原因を探ろうとする思考をやめて、視点を自分へと向けてみましょう。他者ではなく、〝自分の中にあるものは何だろう？〟という部分に、しっかりとフォーカスを合わせていただきたいのです。

もやもやした思いにとらわれて、「あの人が○○だから」などと感じ始めたら、「違う違う」「他者ではなくて、自分の問題なのだ」と、何度でも考えてみましょう。

すると、さらにやってくる気づきがあります。

「恋人がいないと、世間体が悪いし、結婚も遠のいている気がする」
「同僚より出世が遅れると、社内の人間の目が気になる」

「子どもがちゃんとしてくれないと、まわりから〝ダメな母親〟というレッテルを貼られる気がする」

現状の不満や望みの中に「他者が介在する」ということは、「他者の目線で自分を見ている」とも言い換えることができます。

「こういう自分であれば、世間体がよさそうだから」「社会的に評価されそうだから」といった選択は、〝他者の目線〟にもとづいたものです。仮に「こうありたい」と願って行動したときも、それが「他者の目線をもとにした、はじめの一歩」だった場合、どのようなことになるでしょうか。

何かにつまずいたり、失敗したりしたときに、
「あの人が◯◯してくれなかったから」
「まわりの状況が悪かったから」

と、原因を他人や周囲に押しつけてしまい、あくまで「それはわたしのせいではない」と、自分を正当化してしまうのです。そして本来あるべき自己実現からは、どんどん軸がブレていってしまうでしょう。

また、他者の目線で条件を満たしたとしても、あなたにとっての本質的な充足感を得ることはできないのです。

「ありたい自分は何か」という問いに対するポイントは、「誰かにとってよさそう」という他者の目線ではなく、「自分主体で考えるとどうか」と考えてみましょう。

ここにフォーカスを当てることが、自己実現に向けて、非常に重要になっていきます。

すると、いまあなたが本当に望んでいることは、「恋人の有無や評価、世間体とは全く違う、別のところにある」という、これまでフタをしていた深いところにある本心が浮かび上がってくることでしょう。

「前から好きだった街に、一度住んでみたい」
「ずっとやりたかったことを副業としてチャレンジしてみたい」
「休日を自分の好きなように、心地よく自由に過ごしたい」……。

それがささやかなことであっても、自分主体の価値観のもと、「〇〇がしたい」と思ったことに対して行動を起こす。そのとき、人はもう最初から、「たとえ失敗したとしても、自分で責任を取る」と、無自覚に理解しているものです。

「わたしがやりたいと思ったこと」を「わたしが実行できた」とき。たとえ思ったようにいかなかったとしても、「なりたい自分に向かって、挑戦することができた」という、新たな成功体験が生まれます。

「何に対して失敗したのか」を明確にして、違うかたちで再びチャレンジをすれば、次はさらに一歩、叶う方向に進むのです。

自分主体の価値観で生きている人は、そうやって何度でも、トライアンドエラーをくり返し、自分軸で立ち向かうことができていくのです。

他者が介在しない自分主体の価値観のもとに、「自分はどうしたいのか」を考え抜く。それは、潜在意識の自分と、顕在意識の自分がつながること。

外側にあるものではない、自分の内側を見つめていく。やがて内側が満たされていったとき、ようやく他者との関係において、お互いを尊重できるからこそ、うまく回り始める。

それが、正しい順番なのです。

あなたが本当に幸せになるためのストーリーは、自分を知り、こころの内側を整えること。そこからようやく、始まっていくのです。

・KEY・
07

もやもやしている理由その②

他のことに気を取られて自分を見ていない

他者を介在させずに、「自分がどうありたいか」を導き出していく。

けれど、こころのありようにもさまざまな段階があり、ときにこころが混乱し、「自分がどうしたいのか、それが何なのか、よくわからない……」となってしまうことも、きっとあるでしょう。

それはあなたの日常が、「働き詰めになっている」「ワンオペ育児で余裕が全くない」「介護しなければならない人がいる」など、どうしても「他者介入の割合を多くせざるをえない状況」だからかもしれません。

そうなると、「そもそも、自分はどうしたいのか」という自分の本当の心情がわからなくなってしまうのも、当然。日々をどうにかやり過ごすしかないほど余裕がなく、「自分以外」のことに関わっているのだと思います。

そういったときはできる限り、短くてもよいので、**いまの状況から、「自分」を抜き出して考える時間を持つ**ことをおすすめします。

いま、あなたに何の制約もなく、したいことを自由に考えてよいとした場合、「どうありたい」と思いますか?

そのようなメタ視点(一歩引いて、より高い視点から物事を客観的に眺めること)で自分を俯瞰《ふかん》する、という切り替えの時間を持つことで、ギリギリだったところに、もう少し余白が生まれます。どうかどうか、まずはそのような時間を取ることを、自分に許可してあげてください。

「自分に許可を出す」とは、「自分はいま日常に追われているけれど、自分を見つめる時間を持っていい」と認めることです。

「自分はどうありたいか」を見つめる時間は、大切なこころの避難場所です。

学校にたとえるならば、そのこころの余白は保健室のようなものと言えるでしょう。やがて、本当に自分がやりたいことをする場所へと広がっていくはずです。ですから、たとえどんなに大変なときであっても、こころはつねに「自分がどうありたいか」に戻るようにしていきましょう。あなたのその願いこそ、自分が本当に目指していきたいものであり、そこに向かっていくための原動力へとなっていきます。

どんな人も、どんな状況下でも、「こうありたい」を見つけていく時間を確保することで、自分を見つめるエネルギーは持続的に湧き上がり、それぞれの願いへと向かっていけるようになります。

そうして自分の内なるものを深く見つめていくと、やがてこころの中に、また新たな気づきが訪れるようになります。

たとえば子ども時代に、「本当は○○をやりたかったけれど、親からはやらせてもらえなかった」「自分は○○が好きだったのに、周囲は理解してくれなかった」など。

それが過去のことであっても、最近のことであっても、「いま、わたしが○○ができないのは、やっぱり親や環境のせいだ」と言いたくなる気持ち、怒りの感情が湧いてくるかもしれません。

または、自分ではフタをしていた記憶とともに、深い感情に気がつくかもしれません。

では、これまでフタをしていた思いが湧き起こってきたとき、どのように受けとめ、捉えたらよいでしょうか。そういった自分を主体とする考えのヒントについては、

誰かに「選ばせてもらえなかった」ことにフォーカスをするのではなく、「いまの自分は、それを選ぶことができる」という、〝自分主体〟の視点に立つことです。

誰かのせいにしてしまいたくなるのは、よくわかります。けれどその恐れや、逃げの感情のスイッチはオフにして、「ならば、これからは自分で選んでいこう」というほうに、前進するためのスイッチを入れるのです。

他者を介在させなくても、自分で自分の「こうありたい」願いは、いつからでも、自由に選んでいいのです。その選択は、自分を認め、愛するという選択なのですから。

こころのやっかいなところは、「やりたいことをやればいい」という、至ってシンプルなことに対して、ストレートな感情に従うのではなく、自分で自分に対して「やらせない！」という隠れた強い思いを持っている場合があるということです。

多くの人が無自覚に、そのような思いをこころの中に持っています。

前に進んでいくには、

「わたしなんかが」

「どうせ自分は認めてもらえない」

という、失敗体験にもとづいた無意識の思い込み、エラーとなる刷り込みを外していく必要があります。それには、くり返しお伝えしている

「自分主体で考える」

「他者を介在させない」

というふたつが鍵となります。とくに「他者を介在させない行動」を選択し、

ひとつずつ、自分のペースで前向きな方向に持っていく。その積み重ねの中で、いつしか「わたしなんかが……」といった、無意識の思い込みは消えてなくなっていくのです。

普段は普通に歩いている人がぎっくり腰になったら、トイレに行くのも難しくなります。こころも同じで、健康ならとくに難しくないことでも、何かのエラーでまっすぐに動けないときがあります。

「それが欲しいのに手にできない」「そこに向かいたいのに動けない」というとき、あなたのこころは、ぎっくり腰になって思うように動かないからだのようなものだとイメージしてください。

ぎっくり腰の渦中は、からだを起こすのも辛いですよね。けれど痛みが治まった後、人は痛かったことも忘れ、もうそれが当たり前のようにからだを動かし始めます。

こころにも、それと同じことが言えます。

望みや希望を選び取り、行動に移していく中で、いつのまにか「これ、昔はやらせてもらえなかったんだよね」などとは、思わなくなっているはずです。

「自分で自分を癒やす」というのは、そのようにこころのフタを外し、抑圧を解放していくプロセスの中にあるのです。


わたしたちは、いつでも、いつからでも選ぶことができる。

自分で自分をもっと喜ばせていい。

どうぞ、そのことを知ってください。


もし他者に依存して何かがダメになったとき。

「あの人のせい」ではなくて、

「わたしが選んだその選択が違っていたのかもしれない」
「わたしにはもっと、違う選択がふさわしいのかもしれない」

その視点に立つことができたなら、あなたのこころからはもう、「自分は幸せになれない」「幸せにしてくれるのは他者」という思いは消えてなくなっているはずです。ここからは自分で選択することができますし、自分が自分に対して自然に、充足への道を歩き出すことができるでしょう。

すると、望みを叶えるために必要な人やものを探し出すような時間を持つこともなく、「自分の時間をどう充実させ、人生を作っていこうか」という視点に、いつのまにか立っているのでしょう。

自分が叶えたいこと。
それは誰もが必ず、自分で叶えるチカラを持っているのです。

Primary
Professional
Therapy

Chapter 2

・KEY・
08

もやもやしている理由その③

プライベートを優先させていない

いつもスケジュールを予定いっぱいに詰め込んで、「ひとり、自分と向き合う時間は苦手」という方もいます。

楽しいことはいつも外側にあり、ひとりの時間は寂しく、つまらないもの。誰かと過ごしていないと、なんだか孤独を感じてしまう……という方も、自己認識するうえで、やはり他者を介在させているといえるでしょう。

そのような方の特徴として多く当てはまるのが、「仕事は楽しいし、いつも忙しくしている」というもの。まわりから見ても、「いつも充実して楽しく生きている人」と映ることが多いかもしれません。

「仕事で自己実現ができているのであれば、その人はたしかに恵まれているじゃないか」と思われるかもしれませんね。けれどじつはそこには、「見えない落とし穴」があります。

人生において、
「仕事とプライベート、どちらが重要なのか」となったとき、
その答えは、じつは後者の「プライベート」なのです。

本当は最も重要なプライベートの充足感をおろそかにしたまま、それを仕事の達成感や忙しさでごまかしているイメージです。

たとえて言うなら、仕事は華やかに見えるけれど、プライベートについては「恋愛がうまくいかない」という場合です。仕事では自分なりの方法論、やり方を積み重ねて成功体験を得ているけれど、恋愛というプライベートでは失敗体験が続いてしまっている。

この場合は、自分の充足を「仕事」でガードし、「自分はどうありたいのか」という本質的な部分を包み隠してしまっているので、「プライベートでの充足は何か」という部分に、いま一度目を向けていく。

つまり、

恋愛というカテゴリーではなく、「プライベート」というもっと広い領域で、自分の人生を見つめ直す時間が必要なのです。

人間にとって根源的に満たされてゆくプロセスは、「仕事よりもプライベートにある」という話に戻りましょう。

もちろん、自己実現を志して「こうありたい」という人間的な目標と、プライベートを大切にしながら、仕事という部分がかみ合っている場合は、とても素晴らしい状態です。

でも

「わたしは人よりも恵まれた仕事に就いていて、忙しくしている」

というときと、

「わたしの生活は、こころが充足できる時間と空間が守られている」

というとき。

本質的な幸せは後者であり、仕事以上にプライベートが満たされていることが重要なのです。

それはなぜかというと、

プライベートの充足は、誰かとの比較ではないからです。

自分主体の価値観にもとづいた「自分にとっての幸せとは何か」。それがわかっている人だけが、本来的な充足感を感じられるのです。

昨今のSNSが拍車をかけている、さまざまな人のプライベートの露出（＝他者から「いいね」をもらえるような価値観）ではなくて、「自分にとって、本当に自分が満たされることは何か」ということを、見つめ続けていただきたいと思います。

このお話をするとよく聞かれるのが、「プライベートは充実していますが、好きな仕事には就けていない場合は、どうすればよいでしょうか」というご質問です。

その場合、「すでに土台はある」と考えましょう。

プライベートの充実は、たとえば「わが子が生まれた」など、誰かと比較することのない、その方にしかわからない、満ち足りた時間です。一方の仕事は、数値化されたり、評価軸に置き換えられたりするため、どうしても「競争」が生まれます。

そこでよい結果が出ると、仕事の成功でほかのことを覆い隠してしまい、プライベートがおろそかになる、という選択が続いてしまう可能性が高まります。

またプライベートの土台はあり、「今度は仕事にシフトする」となったときには、あまり急がず、ゆっくりと進むこと。いきなり数値化の世界に飛び込むのではなく、充実しているプライベートはしっかり守りながら、自分は何がやりたいのか、どういうことで人にも喜ばれ、かつ自分も充足した仕事ができるのかを時間をかけて考えてみましょう。

ただただ「自分はそれをやってみたい」ということを少しずつ達成し、成功体験を雪だるまのように膨らませながら、「仕事」という方向に、ゆっくりゆっくり進んでいかれることをおすすめします。

・KEY・
09

もやもやしている理由その④

SNSの反応で満たされようとしている

本書では、表面的なこころではなく、その深層にあるものにフォーカスを合わせています。

この深いところから湧き起こる感情に気づくきっかけともなるのが、いまや多くの人にとって欠かせなくなったSNS。では、なぜSNSが深層にある感情を揺さぶることになるのでしょうか？

その背景を理解するには、まずSNSというものの構造を理解する必要があります。

みなさんが日々、何気なく触れているSNSですが、その目的の多くは、「投稿を見た人の意識を誘導してコントロールするという、ブランディング戦略が中心である」ということを知っていただきたいと思います。

「それ、いいな」に始まって、「わたしもそれが欲しい・そこに行ってみたい・それを食べてみたい」……。発信者は、ビジネスとして意識的に行う場合もあれば、個人として無意識に行う場合などもありますが、いずれにしても発信を見る側は、無自覚に「コントロールされてしまう」という世界にいます。

つまり、発信者の公私を問わず、自覚的・無自覚的を問わず、SNSというものはあくまでもCM的なツール。情報を得るためには、とても便利で有用ではあるけれど、非常に表面的な情報発信装置とも言えます。

このCMツールとしての側面が大きいSNS。楽しんでいる分にはいいのですが、その装置に思いを重ねすぎたり、自己投影しすぎたりすると、どんどん「他者目線」にのまれて苦しくなってしまう場合があります。

だからこそ、SNSは「構造を理解して活用する」こと。

無自覚に情報の渦に飛び込むということは、こころにとっては非常に無防備で危険な行為です。結果、いつのまにかこころは、他者からの評価で「自己肯定感」や「承認欲求」を埋めようとし、みずからもやもやする感情を引き寄せ、勝手にそれらを増幅させていってしまうのです。

そういった感情が積み重なって、目には見えない人間関係にとらわれたり、まわりから自分がどう見られるか、周囲と比較して自分を卑下したり……。本来の自分ではない何かを、どんどん形成してしまう恐れがあります。

そもそも、そのような感情は、実生活では本来、すべて考える必要のないことばかり。それなのにSNSを使うことによって、しなくてもいいやりとりをする羽目になったり、時間を使う必要のないことにわざわざ首を突っ込んでみたり、「考えなくてもいい問題を、あえて拾ってきてもやもやする」ということに陥ってはいないでしょうか。

本書では、このＳＮＳというテーマを通じて、

「自分はいつのまにか、他人からの反応や目線を気にしすぎていたかもしれない」

という視点に立ち戻っていただきたいと思います。

こころの深い場所が充足する幸福感は、
「本当の自分」を見せることなしには、得られないもの。

自分にとって大切な対人関係においては特に、本音を伝え合うこと、こころの内側の対話が何よりも大切で、そこで感じられるじんわりとした充足感・幸福感は、ＳＮＳの「いいね！」の数とは比べようもありません。

「こころの深いところが満たされる」本当の幸せとは、ＳＮＳとは本質的に、全くの別物である、ということを、お伝えしたいと思います。

これまでは無自覚だったけれど、
今後ＳＮＳとはどういう距離を取るのが、自分にとっていちばん心地よいのか。
1日24時間の中でＳＮＳに費やす時間は、自分にとってどれほど優先度が高いものなのか。
そもそも自分にとって、本当に必要なものなのか。

そのように、ぜひ自分のこころの内側を丁寧に観察してみてください。その結果、「わたしの人生にとっては、ここまでは必要ではあるけれど、それ以上はさして重要ではないな」と自覚することができれば、ＳＮＳにまつわるもやもやはいつのまにか自然と消えてなくなって、ストレスなく活用することができるようになっていくでしょう。

そしてSNSを通した表面的な（ダミーの）もやもやが晴れたとき、そこに紐づいていた本質的なもやもやの正体にも気づいていけるはずなのです。

・KEY・
10

「欲しい情報だけでいい」と意図する

SNSにまつわるもやもやは、「いま」という時代が持っている現代病でもあります。この時代に生きている以上、何かしらのかたちでつきあう必要がある方も少なくはないでしょう。けれど、「その正体とは、一体どういうものなのか」という本質を知るだけでも、とても価値があることだと思います。

そのうえで、わたしから、

「自分主体でSNSとの距離感をはかる方法」

をご提案します。

まず、花畑の中に、ゴミ箱が置いてある光景を想像してください。

その場所からは、花のいい香りも感じるし、同時にゴミのにおいも漂ってきます。花もゴミも、その両方が「わたしを見て」「わたしのにおいを嗅いで」とアピールしてくる。この光景がまさに、SNSにたとえることができるわけです。目的なく花畑に入ってしまえば、花とゴミ箱両方の「見てください」というアピールが無自覚に、あなたの意識に潜入することになるのはおわかりでしょう。

そこで、

「わたしはSNSという世界の中で、わたしにとっての花、そのいい香りだけを嗅ぎ分けていく」と意図すること。

無自覚にそこに入っていくのではなく、「花」にフォーカスをして、「ゴミ箱」には意図を持っていかない。そのように自分で設定をすることが大切です。自分に対して、見るべきものは何かという線引きをしっかりとするという、トレーニングにもつながっていきます。

自分主体の意図は、潜在意識にアプローチします。それは、顕在意識と潜在意識が仲良く、手をつなぐための、とても有効な方法です。

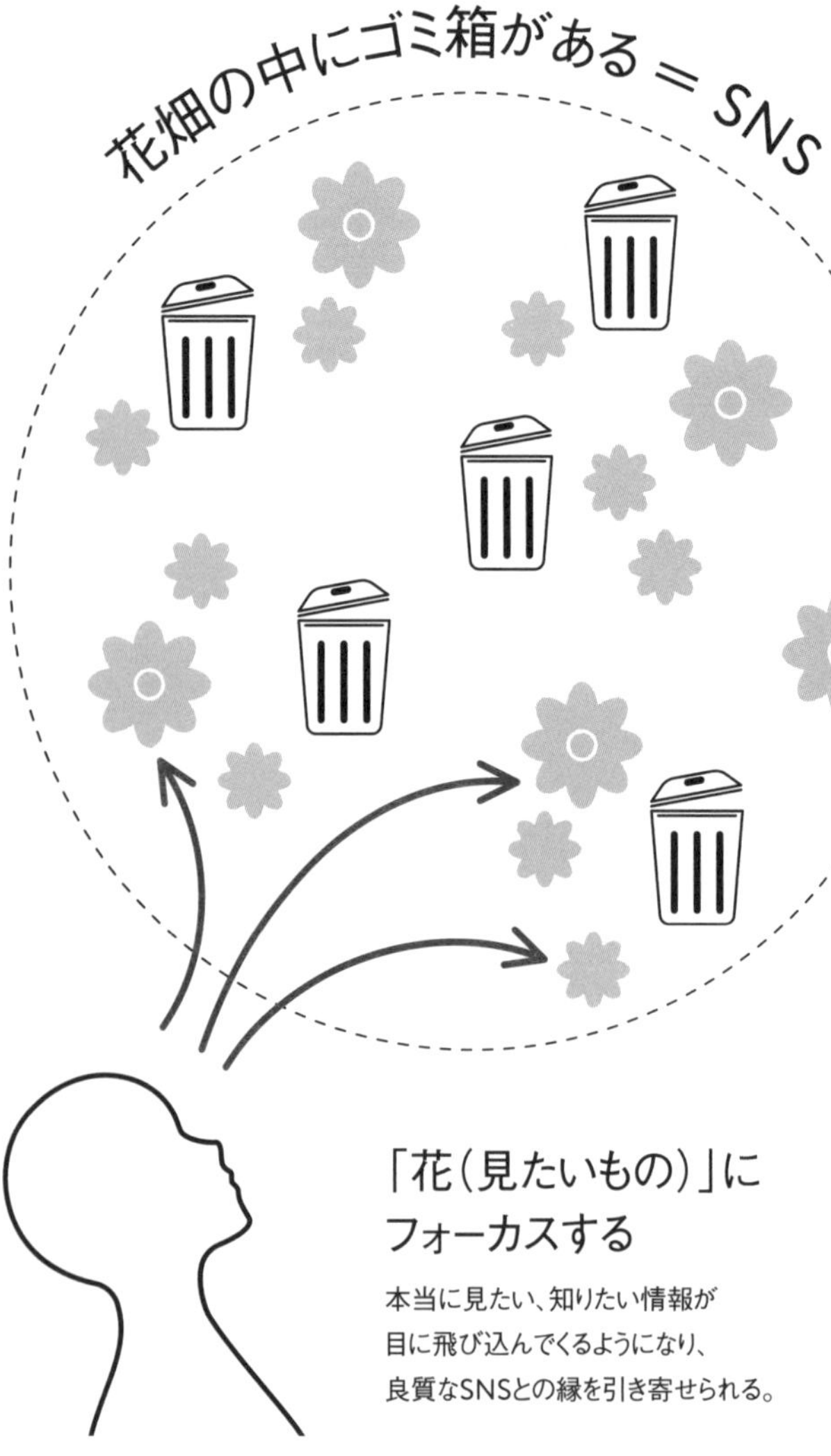

「花（見たいもの）」にフォーカスする

本当に見たい、知りたい情報が
目に飛び込んでくるようになり、
良質なSNSとの縁を引き寄せられる。

そしてもうひとつの大切な心構えとしては、SNS上のコミュニケーションであっても、「他人のプライベートには、土足で入り込んではいけない」という、当たり前の感覚を忘れないことです。

プライベート（食事、自宅、過ごした時間）を公開している発信者に対して、見る側が勝手に距離感を近づけてしまい、「わたしは、この人（発信者）の私的な領域にも踏み込んでもよいのだ」と思い込んでしまうのは、SNSの危険な側面です。「恋愛や友人関係で、相手の行動を逐一《ちくいち》監視してしまう」というのは、その最たるもの。

特定の誰かの発信が気になり続けてしまう場合、「わたしにとって本質的に有益な情報とは何だろう？」と、いま一度、あなたの「花」は何かを見つめて、限られた自分の時間を大切に、SNSとの距離感を測り直してみましょう。

・KEY・
11

クリアな自分でいるために手放す

わたし自身は「SNSとは距離をとる」と決めています。つねにクリアな自分でいるために、自分が充足する、または休息する時間を大切にしたいからです。そうしてSNSには距離をとるという結論に至ったわけですが、そんなわたしが習慣にしていることがあります。

それは、高校生のときからやっていることで、「1年以上経ったら、全く連絡を取り合っていない方の連絡先は基本、消す」というもの。

高校を受験するにあたり、当時のわたしには、「なぜこの学校に行きたいのか」という明確な理由がありました。「友達と一緒の学校がいい」「先生や親に薦められたから決めた」という他者要素は、もともと一切なかったのです。

となると、おのずと学校に通うことは、イコール「わたしが学びたいことを学びに行く」という意図が主な目的になります。けっしてそこで過ごしやすくするための人間関係形成や、楽しい時間のために、むやみに周囲と同調したり、友達の数を増やしたりすることは目的ではありませんでした。

そうした目的や意図がはっきりしていたため、一定期間やりとりをしなくなった人の連絡先が、電話帳などにどんどん溜まっていくことに大きな違和感を覚えたのです。

当時は知り合った子同士で、お互いの情報を学校別にプロフィール帳にしたり、プリクラ帳に何冊もまとめて見せ合ったり、交換するような流行がありました。そうやって友達を増やしていく文化はそのまま、時間の流れとともに、いまのSNSというかたちに発展していったようにも感じます。

わたしにとって学校に行く理由は、「友達を100人つくる」ということではない。プリクラ帳を何冊も持っている人に対して、「楽しそう」「うらやましい」

と感じる人もいるでしょう。しかしわたしはあまり、そこに反応を示さないタイプでした。むしろ、「この先、学校以外では連絡を取らないであろう」という人との微妙な距離感に対しては、一定期間が経過したとき整理をしようと思うほうでした。他者との関わりについては当時から潜在的に、「どう関わるのかが大事であって、量ではない」と質を大切にしていたのだと思います。

つまり、「わたしにとっては何が心地よく、何が心地よくないことなのか」ということを、はっきりさせていたい気持ちが強かったのでしょう。けれどそのスタイルを貫くためには、自分の得意不得意を受け入れるという覚悟も、じつは必要なプロセスのひとつでした。

当時、わたしは電車の乗り換えが苦手だったので、「電車の乗り換えが必要な高校は、魅力的でも始めから選択肢から外す。電車1本で通えて、自分が学びたい学科がある高校を選ぶ」としました。

「自分が苦手なものは始めから選択しない」と決めると、ほかの選択肢は潔く手放すことができます。他者視点ではなく、自分主体で「こうしたい」ということだけに特化して選択していくので、結果、不必要なものを手放すことに対して、全く迷いがなくなっていくのです。「自分にとって、つねに大事で重要である」というものが何かを認識しているからこそ、「本心から充足している」という状態になるのです。

この考え方は、ものや情報の片付けにも通じます。自分にとっての快（やりたいこと、好きなこと、心地よいもの）がはっきりしているからこそ、そのどちらなのかわからないものに対しては、「ずっと持っていないと不安」という気持ちが消えていく。なので「本当の自分は、どうありたいのか」に気づくためには、まずはあえて、情報を絞っていくことをおすすめします。

片付けをする際は、「いつか使うかもしれないボックス」を作る、という方法があります。けれど、その箱に入ったものも一定期間を経て見直して、不要と決めたら手放していきます。情報もそれと同じ。基準は期間でもいいし、心地よさだけにフォーカスしてもいい。「なぜそう感じるのか」が自分の中ではっきりしてきたときに、「自分は本当は、何を望んでいるのか」というところにもアクセスしやすくなる。それはとりもなおさず、「本当の自分」と出会うことへとつながっていきます。

自分にとっての「いる・いらない」「快・不快」を自覚するほどに、人生は生きやすいものになります。

自分を知って、見つめて、愛していくという、素晴らしいプロセスを経ることで、まわりを気にするということも、おのずとなくなっていくからです。優越感や劣等感という感情を生んでしまうような関わり、まわりがやっているからやるという他人軸な行為から離れて、自己充足のための時間をとることをおすすめしたいと思います。

そして「お互いに1年間連絡を取っていないのだから、もう手放してもよい」とわたしは判断していますが、改めて、お伝えしたいことがあります。

それは、たとえ一度は手放したとしても、「本当に必要な人（もの・情報）」というのは、ご縁があれば何らかのかたちで確実につながるということ。

だからこそ、わたしも、すっぱりと連絡先を手放すことができるのです。「ここで手放したら、この縁は終わってしまう」という恐れがあれば、わたしもきっと、怖くて手放せなかったことでしょう。

必要なものは必ず、自分のもとにやってくる。それは、みなさんの潜在意識がしっかりと把握しています。だから恐れず、自分の世界を信頼して、不要なものは勇気を持って、手放していきましょう。

・KEY・
12

嫉妬やねたみからの解放

異性であれ同性であれ、「大好きだ」と思う近しい人が本当に好きなことをやっていて、光り輝いている姿を見たとき、どんな気持ちになるでしょうか。

「そんなあなたの姿を見ることができて、すごく幸せだな」という視点があれば、相手を尊重することができていますし、距離感も適正だと言えます。

けれど、

「あの人には才能があるからでしょう」

「わたしにはどうせムリだから」

「もっとわたしがアドバイスした通りにすればいいのに！」

といった嫉妬やねたみ、もやもやなど、ネガティブな気持ちが湧き起こってきた場合は、相手との距離が近くなりすぎている証拠。距離が近すぎるからこそ、その他者のことばかりぐるぐると考え続けているのです。

嫉妬が湧いてくる原因はシンプルで、何らかのかたちで、自分がやりたいことをできていないから。「自分は好きなことをやってはいけない」というエゴブロック（87ページ参照）を、自分で自分にかけている可能性も考えられます。

嫉妬やねたみは、基本的に「自分と誰か」という比較から生まれます。そこで、もう一度思い出していただきたいのは、

いま自分は、「他者を介在させていないだろうか？」という視点。

キラキラ輝いている人を見て、もやもやした気持ちになったとしたら、「じゃあわたしも、やりたいことをやろう！」という方向に持っていくことが、こころにとっては健やかな流れです。

誰かの何かに嫉妬している、うらやんでいると感じたら、「相手」ではなく、「自分」を意識しましょう。

嫉妬は他者と自分との関係性に何らかの原因があるのではなく、**顕在意識と潜在意識、つまり「自分との距離」が遠くなっていることが問題なのです。**

自分との距離が近ければ、自分のやりたいこともわかっているし、具体的な行動に移して実行し、すでに充足を感じられているはず。それがわからないから、誰かの何かを欲しがっているのだ、と俯瞰して見るようにしましょう。

「自分自身を知る」ということは、本当に面白く、楽しい作業です。

自分で自分のことを理解するという感覚は、テストのための暗記的な学びではありません。気づいたり、許可したり、認めたり。もともと自分が持っているものに気づきながら、「あぁこれでいいんだ」という、どこか懐かしいような感覚なのです。これまで見ようとしてこなかった、本当の自分に気づいていくたび、自分との距離はどんどん近づいていて、「いまのわたしでいいんだ」という、自己信頼も生まれてくるものです。

あなたがずっと、
あえて欲しいものを
受け取らない理由は
何ですか？

Primary
Professional
Therapist

Chapter 3

Primary
Professional
Therapy

Chapter 3

・KEY・
13

「なりたい自分」を阻《はば》むもの

頭の中では「変わりたい」「成長したい」と思っているのに、からだがついていかなかったり、行動に移せなかったり。そんなとき、潜在意識の中では、「なりたい自分」を阻む「ブロック」が、無意識のうちに制限をかけていることがあります。

これを本書では「エゴブロック」と呼んでいます。

この章では、「こころの中に、なりたい自分を阻むものがある」「自分はどこでエラーをきたしているのか、しっかりと見ていく必要がある」ということをお伝えしていきたいと思います。

それは、本当の自分、「なりたい自分」を叶えるためには欠かせない、とても重要なプロセスであるからです。

たとえば船の場合、錨《いかり》を外せば、停泊している港からスムーズに出航できますね。けれど錨を下ろしたままだと、船は目的地に向かうことはできず、同じ場所にとどまり続けます。

こころの「エゴブロック」の場合、それはまるで、みずから「外さない!」と決めている錨のようなもの。からだとこころの乖離《かいり》があるほど、また自分を抑圧してきた期間が長いほど、意識を「なりたい自分」に進ませようとせずに、現状にとどまり続けようとします。もちろん、無意識に。

つまり、潜在意識の中の「エゴブロック」が、自分で自分の自己実現を阻んでいる可能性があるわけです。

左ページの図は、潜在意識と顕在意識の間にある「エゴブロック」が邪魔をして、「本当の自分が望んでいること」が見えない状態を表しています。この「エゴブロック」が外れれば、こころは自然と「本当の願い」につながっていきます。

こころの仕組み

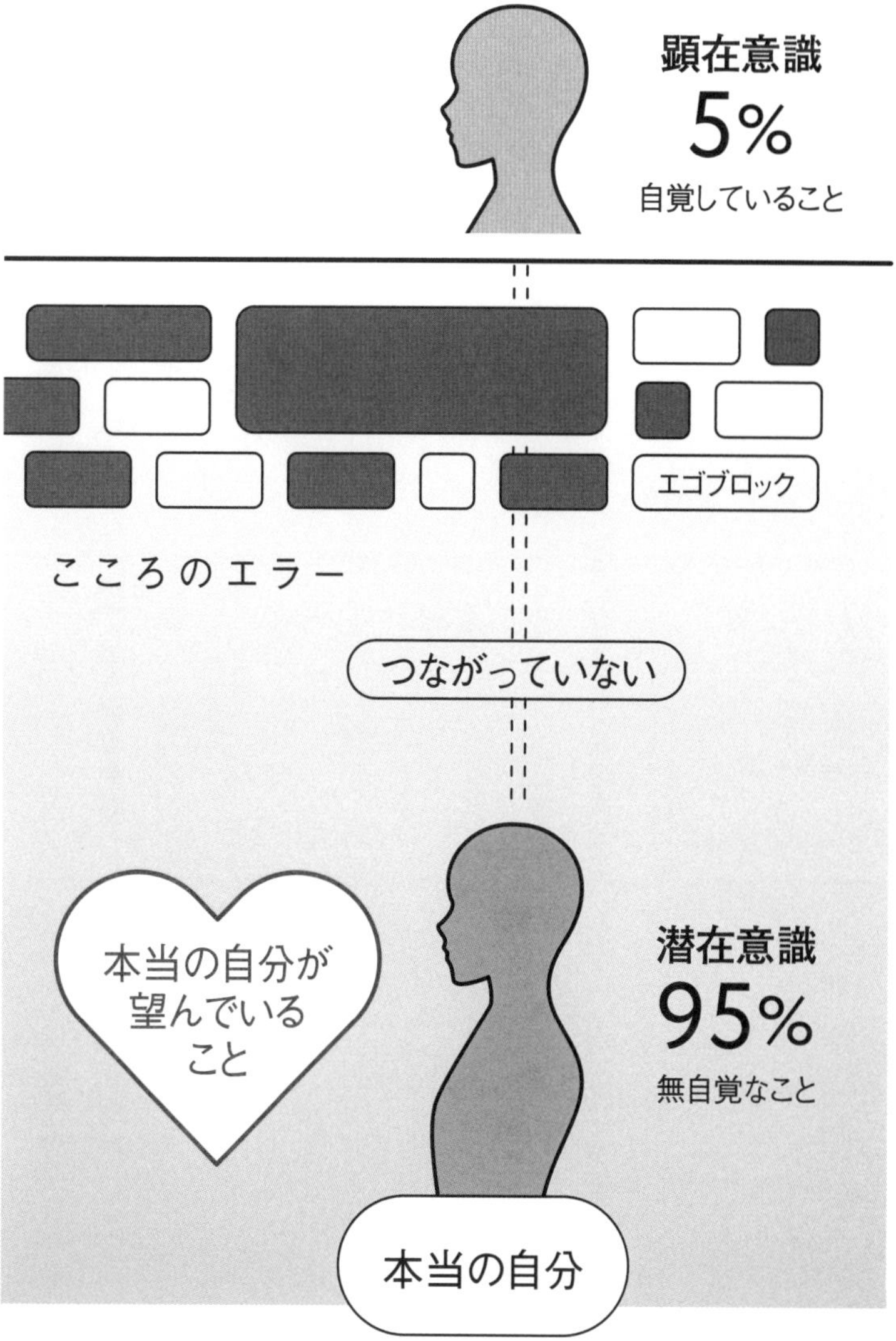
顕在意識
5%
自覚していること
エゴブロック
こころのエラー
つながっていない
本当の自分が
望んでいる
こと
潜在意識
95%
無自覚なこと
本当の自分

「エゴブロック」とは、

無意識のうちに、自分で自分に課している制限

のことで、潜在的なエラーを引き起こす原因のことです。そしてそのエゴブロックは、かたちや大きさ、エラーの引き起こし方も、人それぞれ違います。

主には幼少期に、周囲から刷り込まれた概念、つまり「思い込み」がその正体。たとえば子どもの頃、「もっと遊びたい！」と願ったのに気持ちをくんでもらえず、「わがままを言うんじゃない！」と頭から気持ちを否定された、伝えたけれど理解してもらえなかった……など。

何度もそのように叱られる経験を重ねた人は、安心して自分の気持ちを伝えることができず、そのとき、傷ついた状態の自分自身をこころの中に残してしまっていることもあります。「○○をしたい」イコール「それはわがままだ」と意識に刷り込まれ、やがて思い込みとして自分のこころの中にかたちづくられます。

「男の子なのに、ピンクが好きなんて、ヘンだね」

「あなたはだらしがないね。それに比べてお姉ちゃんはきちんとしているよ」

「◯◯ちゃんはスリムできれいだけど、あなたは太っているね」

など、他者からの決めつけや、他の誰かとの比較も、その代表でしょう。そういった言葉の数々や成育環境、またそれらの捉え方の偏りによって、いつのまにか自分で自分を縛る「エゴブロック」をつくってしまうのです。

人生経験の少ない子どもは、「自分はこうしたい！」という、本心に忠実です。やわらかく素直な子どものこころは、顕在意識と潜在意識がつながっている状態にあるのですが、多くの人は大人になるにつれ、教育やしつけ、常識や社会的な通念、トラウマなどを積み重ねて、「エゴブロック」の重量をどんどん増していきます。

「あなたはあなたのままでいいんだよ」と、気持ちや存在を尊重され続けて育ったという幸運な人はべつですが、多くの人の場合は多かれ少なかれ、そうした「エゴブロック」がこころを引っ張っていて、顕在意識と潜在意識がつながりにくい状態にあるのです。そしていつのまにか、「自分で自分を許さない・好きなようにしてはいけない」という抑圧の意識をつくり上げてしまうのです。

中には「誰かのためになる自分でいなければ、存在理由を見つけられない。存在する価値がない」という思い込みにずっと縛られている人も少なくありません。それは、もはや「自分で自分を幸せにしない」というこころの反応、「自分が幸せになることが怖い」という根深いエラーにまで発展していると言えるでしょう。

当の本人はもちろん、頭では「幸せになりたい」「変わりたい」と思ってはいるものの、潜在意識に刷り込まれた「エゴブロック」に足を引っ張られているがゆえに、「自分は価値の低い人間だ」という思い込みを外すことができない。結果、「人の役に立つ自分」「周囲に評価されている自分」への執着を強めてしまい、本来の自分を見失い、生き辛い人生になってしまいます。

あなたがもしも、「あぁ、自分の本当の望みは叶わないいんだな」とあきらめかけていたとしても、「自分はダメな人間だ」と卑下していたとしても、あなたの存在という絶対的な価値は、誰からも、何からも侵されることはありません。「なりたい自分」を見つめて、実践していく過程で、充分この「エゴブロック」を外すことはできるのです。

たとえば、家族、子ども、恋人などの他者に対して、「ただ存在してくれているだけでありがたい」と感じた経験はありませんか。それは自分自身に対しても、同じことが言えます。

あなたという存在が、生きて、いまここにあることには、他の何にも変えがたいほどの価値がある。

あなたはいまここに存在しているのだから、自分で自分を癒やし、気づき、本当の自分とつながっていきましょう。

・KEY・
14

知らずに溜まってしまうエゴブロック

なりたい自分になれないときは、無意識にエゴブロックが邪魔をしていることをお伝えしました。では、あなたのこころには、どんなエゴブロックがかかっているのでしょうか。

「わたしは幸せになれない」
「わたしは美しくない」
「自分の望みは叶わない」
「わたしには価値がない」
「わたしに恋人はできない」

……など、悲観的・否定的な、「どうせムリだろう」という、あきらめ気味のワードがこころを占めているとするならば、結果として「自分で自分の自己実現を阻んでいる」ということになります。

それは、「愛されたい」という本心と、「自分は愛されるに値しない人間だ」という正反対の考えが、こころの中でつなひきをしている、ということ。アクセルをかけながらブレーキを踏んでいる状態なので、不本意な現状もずっと変えられずにいます。

「自分もそういう状態かもしれない」と感じた方は、ぜひいま一度、自分の思い込みをできるかぎり俯瞰して、見つめてみてください。

「なぜ自分は、自分を幸せにできないと思っているのだろうか」
「なぜ他の誰かに幸せにしてもらわないといけない、と思っているのだろうか」

それらの問いを、自分に対して何度でも投げかけてみましょう。エゴブロックの原因となっている過去にあった辛い出来事、こころに刺さったトゲのある言葉を思い出すのは、決して楽な作業ではありません。けれど、「あぁ、あのとき言われたことは、こういう部分がすごく嫌だったな」と、できるだけポイントを絞って感じるだけでも、エゴブロックは少しずつ外れていくものです。

そして、それらの出来事や言葉は、本当にあなたが受け取るべきものだったのでしょうか？

「あれ？　受け取らなくていいものだったかも……」と思えたならば、それは大きな一歩です。

なぜならば、過剰に反応してしまったり、受け取ってしまったのは、あなたのこころの中に、それを受け取る器をつくってしまっていたから。こころの中にある負担や縛りは、その器ごと解放して、手放していいのです。

そして「エゴブロックを外すことなんて、自分ではできない」というのも、思い込みのひとつであることを知ってください。「自分でもできる」。そのお手伝いのために本書はあります。

そしてたしかに、自分ひとりではできないこともあります。だからこそ、人と人とは出会うのです。

他者という存在は、合わせ鏡のようなもの。自分のこころの中にある世界を映し出してくれる他者がいるからこそ、気づきを得られるのです。

誰でも、どんな人でもいまこの瞬間、「本当に望む方向へ、なりたい自分になる！」と、自分で選び、自分で決めていい、ということをくり返しお伝えしたいと思います。

「自分のやりたかったことは◯◯かな」と感じたら、どんなにささいなことでもいいので、まずはやってみる。

そして、やってみた自分を許容する。

それらのステップを小さくても積み重ねるうちに、

自然に、勝手に、エゴブロックはひとつずつ外れていきます。

まずは、自分が変わる。

他者や環境のせいにするのではなく、自分の望みのために、自分で行動する。

そのことを、他の誰でもない「自分」が、見えない95％の潜在意識から切実に、「こうありたい！」と望み、声なき声として発し続けています。

エゴブロックがかかっていることを、誰かのせいにしたり、他者が解決してくれると過剰な期待をしたり、自分を無力だと卑下したり、「やらない」ための言い訳を並べたて、見ないふりをすることは、もうやめましょう。

知らず知らずの間に、勝手に溜まってしまったエゴブロックをこころの中に置いたまま、本来の自分の望みに制限をかけて生きるのは、もはや「他人軸の人生」です。あなたは無自覚に、「誰かの何か」を優先してしまっていないでしょうか。「これまで、自分を犠牲にしていたのかもしれない」という事実に、もっともっと、自覚的になっていいのです。
自分を救えるのは、他の誰でもない、自分自身。
そして、あなたの人生を歩むことができるのも、唯一あなただけなのですから。

・KEY・
15

「こころのダミー案件」を見破る

潜在意識と顕在意識のつながりを阻む要因のひとつが、「他者を介在させていることにある」と、くり返しお伝えしました。

他者主体ではない、自分主体の価値観を意識することについて腑《ふ》に落とすことができたなら、対人関係のストレスは、ずいぶん軽減されるはずです。

なぜならば、親子や夫婦間、恋愛関係、職場などで起こりがちな人間関係のトラブルは、そのほとんどが、

無意識に他者を介在させていることによる「距離感の近さ」に原因があるからです。

では、他者との距離が近くなりすぎてしまっているとき、わたしたちのこころ

の中では、一体どのようなことが起きているのでしょうか。


「わたしがいなければ、この人はダメになる」

「この人のために、もっとやってあげなければ」

「周囲の人の目が気になる」

「人の顔色をうかがってしまう」

「もっと◯◯したらいいのに」……。


このように、「自分よりも他者のことが気になって仕方がない」とか、「いつも気持ちがもやもやする」「相手をコントロールしたい気持ちになる」ということはあるでしょうか。もしも「何らかの事柄が思考から離れてくれない」「だから自分のことに集中できない」ということがよく起こるのであれば、あなたのこころには、何らかのエゴブロックがかかっている可能性があります。

この「もやもや」の正体は、「他者の持っている何か」ではなく、「自分自身が持っている何か」です。

他者のことをずっとぐるぐると考え続けているとき、それは一見、自分が望んでいる本心のように思えて、じつはこころが生み出しているニセモノの願望なのです。

「潜在意識で本心から望んでいること」そして「解放されたいと感じていること」は、その「もやもや案件」とはじつは全く関係のない、別のことであるケースが数多く存在します。そのことをわかりやすくお伝えしたくて、「こころのダミー案件」という呼び名をつけました。

たとえば恋愛のシーンで、不倫など、2番手のポジションにばかり陥ってしまう人がいたとします。その場合、潜在的・無意識に、「自分は、こころから求めるパートナーシップを得ることはできない」「自分には、幸せな恋愛はできない」

「どうせ自分は本命にはなれない、その程度の存在だ」と、こころにエゴブロックがあるために、「ダミー案件に陥っている」という可能性が考えられます。

まず大前提として、本来は好きな人、恋愛相手というものは、「その人がいるだけで満たされる」「つきあっていてもいなくても、自分がその人を好きというだけでうれしい」ものです。たとえ社会的には許されない恋愛感情を持ったとしても、「あの人と巡り会えたことがうれしい」「あの人に幸せであってほしい」と願う気持ちで向き合えるのであれば、その関係性はダミー案件ではないでしょう。

けれど、「寂しいときに相手をしてくれるから」「社会的に成功している人だから」「お金持ちだから」という要因が、もしそこに隠れているとするならば、その相手は「ダミーの人」です。砂漠にいて、いくら水を飲んでも渇きが癒えないからだのように、その恋愛で、こころが満たされることはないでしょう。

たとえば「既婚者の相手が配偶者と別れてくれない」「わたしを第一優先にし

てくれない」など、他者にフォーカスを合わせ、相手をコントロールしようという思考に支配されているとき。それは確実にダミー案件に陥っている証《あかし》です。

では、こころはなぜ無意識に、わざわざそんなダミー案件をつくってしまうのでしょうか。

それは、あえて意識をダミー案件にフォーカスさせることによって、「自分のエゴブロックと正面から向き合うことを避ける」というメリットがあるからです。過去の恋愛で傷ついたのか、あるいは親が離婚をして幼い頃に寂しい思いをしたから……なのか。人それぞれにあるトラウマ的な体験によって、「自分は、最良のパートナーを得られるような自分ではない」と決めつけた可能性があるのです。そうして、いつのまにかこころに刷り込まれた「自分は幸せになってはいけない」というエゴブロックは、あなたが本当の自分と向き合うことをさせないまま、潜在意識と顕在意識のアクセスを阻んでいるのです。

●この本をどこでお知りになりましたか?(複数回答可)

1. 書店で実物を見て　　2. 知人にすすめられて
3. SNSで(Twitter:　　Instagram:　　その他　　)
4. テレビで観た(番組名:　　)
5. 新聞広告(　　新聞)　　6. その他(　　)

●購入された動機は何ですか?(複数回答可)

1. 著者にひかれた　　2. タイトルにひかれた
3. テーマに興味をもった　　4. 装丁・デザインにひかれた
5. その他(　　)

●この本で特に良かったページはありますか?

[　　]

●最近気になる人や話題はありますか?

[　　]

●この本についてのご意見・ご感想をお書きください。

[　　]

以上となります。ご協力ありがとうございました。

お手数ですが
切手を
お貼りください

郵便はがき

150-8482

東京都渋谷区恵比寿4-4-9
えびす大黒ビル
ワニブックス書籍編集部

お買い求めいただいた本のタイトル

本書をお買い上げいただきまして、誠にありがとうございます。
本アンケートにお答えいただけたら幸いです。
ご返信いただいた方の中から、
抽選で毎月5名様に図書カード(500円分)をプレゼントします。

ご住所 〒 TEL（ - - ）	
(ふりがな) お名前	年齢 歳
ご職業	性別 男・女・無回答
いただいたご感想を、新聞広告などに匿名で使用してもよろしいですか？ （はい・いいえ）	

※ご記入いただいた「個人情報」は、許可なく他の目的で使用することはありません。
※いただいたご感想は、一部内容を改変させていただく可能性があります。

「なぜ自分は、幸せになってはいけないと決めたのだろう」

「なぜ自分は、不幸な恋愛、自分を大切にしない相手を選ぶ、という設定をしたのだろう」

「そして、それはいつからなのだろう」……。


不幸な恋愛に陥りがちな人が向き合うべきは、相手ではなく、みずから作り出した疑似恋愛の中に入り込んでしまっている自分自身です。


そもそも、自分が本当に望んでいた世界は、ここではなかった。

そもそも、自分というものを自分が大切にしてこなかった。

自分について、深い理解ができていなかった。


それらのことに気づき、受け入れていくことが、こころの解放へのスタートになるのです。

これは恋愛に限らず、「この思考は、みずから自分を幸せにしない方向に進んでいるかもしれない」ということを、まずは見つめてみましょう。そしてこころの仕組みを振り返り、何かが気になって仕方がない思考や感情の背景にあるものを探してみましょう。

ダミーではない、あなたの本当の望みは何か。

それが見えてくると、もやもやした霧は次第に晴れていき、視界はクリアになっていきます。こびりついて離れなかった苦しみも、いずれ気にならなくなっていくでしょう。

Primary
Professional
Therapy

Chapter 3

・KEY・
16

こころのエゴブロックを外すプロセス

「ダミー案件」とは、時間・感情・思考が、本来向き合うべきではないもの、自分以外のものに持っていかれている状態です。

本心というのは、場合によってはいままで自覚がなかったもの。それゆえに、未確認物体を見るような怖さがあります。「ダミー案件」を考えていれば、怖い気持ちや、知ることの痛み・衝撃から逃れることができる。本当の本心にフタをして、向き合わなくても済む。そのように自分で自分を傷つけないよう、自分を守るための複雑なこころの仕組みによるものです。

「誰か」の「何か」にちょっかいを出すこと。そして、あえてそこに時間を割くことで、本来の「なりたい自分」から目を背け、脱線している。いつも忙しく、こころに余白がなく、辛い気持ちから抜け出したいのであれば、まずその状態に気づく必要があります。

本来のレールに戻すためには、「自分の本当の望み」を知ることが大切ですが、潜在意識にある「自分の望み」は、見ることも聴くこともできないので、「自分はどうしたいのかわからない」となってしまっても不思議ではありません。

そんなとき、誰にでもできるおすすめの第一歩は、

「どんなネガティブな感情も、まずは自分が受け止める」

ということ。

「こんな感情を持っているのはよくない」と思うような感情、欲望、衝動でさえも、認めることとです。たとえば誰かに意地悪をしたくなったとか、ムカついた相手に仕返しをしてやりたい感情になった……など。人間ですから、自分では認めたくない感情が湧いてくることは当たり前。

なぜそのような感情になったのか、ということを探り、「あぁ、そういう感情が、

自分の中にもあったんだなぁ」と認識できただけでもしめたもので、そこでひとつ、「エゴブロック」を外していくきっかけにもなります。

「認識した」ということは、自分を受け入れ、許した、ということ。
一度受容できた感情は次第に薄くなり、いつのまにか解消されていく。
それがエゴブロックを外すこころのプロセスです。

「わたしはあの人のことを、思い通りにコントロールしようとしていたな。その感情を、好きというふうに言い換えていたな」と自覚したとき、好きな人への新しい気づきとなり、その対応も、自然に変わっていくことでしょう。

「自分にとって、歓迎できない思いがこころの中にあった」という事実を抑圧したままフタをしてしまうと、こころのクセはさらに強化され、また同じことをくり返すようにできています。

「わたしはそんなことを考えていない！」と抑圧すれば、ネガティブな感情は抹殺されるかと思いきやじつはそうではなく、「自分の持っているもやもやした何か」はいぜんとしてそこに残り、それにまた、反応してしまうからです。

どうしても受け入れがたい、嫌だなと思う感情であっても、「もしかすると自分も持っているから、そこに反応してしまうのかもしれないな」というように、「もしかしたら」で受け取ってみる。そんな段階も、エゴブロックを外すプロセスとしては有効です。

それでもぐるぐると頭の中のおしゃべりが続くとき、もうひとつの方法としては、なるべく「他者を介在させない」（38ページ参照）時間を過ごすことです。日常生活の中に、ほんの少しでもいいので、「自分が本当に心地いいと感じる時間」を意識的に取り入れてみましょう。

「忙しい毎日ではあるけれど、自分は心地よさを味わう余白の時間を持っていい存在なのだ」と、ここでも許可を与えましょう。

すると、あなたの中のエゴブロックが少しずつ外れ、「なりたい自分」になるための行動を、自分から選ぶことができるように変化していきます。

こころの中で、

変わりたい自分
vs
現状でいたい自分

がせめぎ合っていたとしても、「変わりたい」という前向きに変わっていくための選択を、自然に選びやすくなっていく、ということです。

たとえ1日の気持ちの積み重ねは小さなものであっても、少しずつ続けていくことで、1年後の変化ははかりしれないほど大きくなっていることでしょう。

Primary
Professional
Therapy

Chapter 3

現代人はどうしても、頭の中で余計なことを考えすぎていて、「自分は本当のところ、どうしたいのか」という、その声を聴き取れなくなってしまいがちです。

こころの声がわからなくなったときこそ、ほかでもない「自分」と、いろいろな対話をしていただきたいのです。

・KEY・
17 「こうありたい」と「わがまま」の違い

日常のささいなことから大きな目標まで、つねに自分が、「わたしはこうありたい」ということを意識すること。自分が自分に対して、クリアであり、自覚的であること。

それが本書を通じてのテーマです。

けれどそういうふうにお伝えすると、「そんなに自分のしたいことばかり考えていいの?」「それは自分勝手でわがままなのでは?」と捉える方も少なくありません。

「自分主体でいいの?」「わがままでいいの?」という疑問に対しては、次の説明が答えになるでしょう。

〝わたしはどうありたいか〟を丁寧に見つめて、それを受け入れていく。
すると〝それはわがままだ〟という捉え方自体が、自然に消えていきます。

自分のこころを、「主体はわたし」とするのか、あるいは「それはわがままだ」と捉えるのか。要はその違いだけ、ということです。

次のページの図を見てください。
この「こころの起点マップ」は、あなたのこころがどのゾーンにあるのかを示したものです。

こころの起点マップ

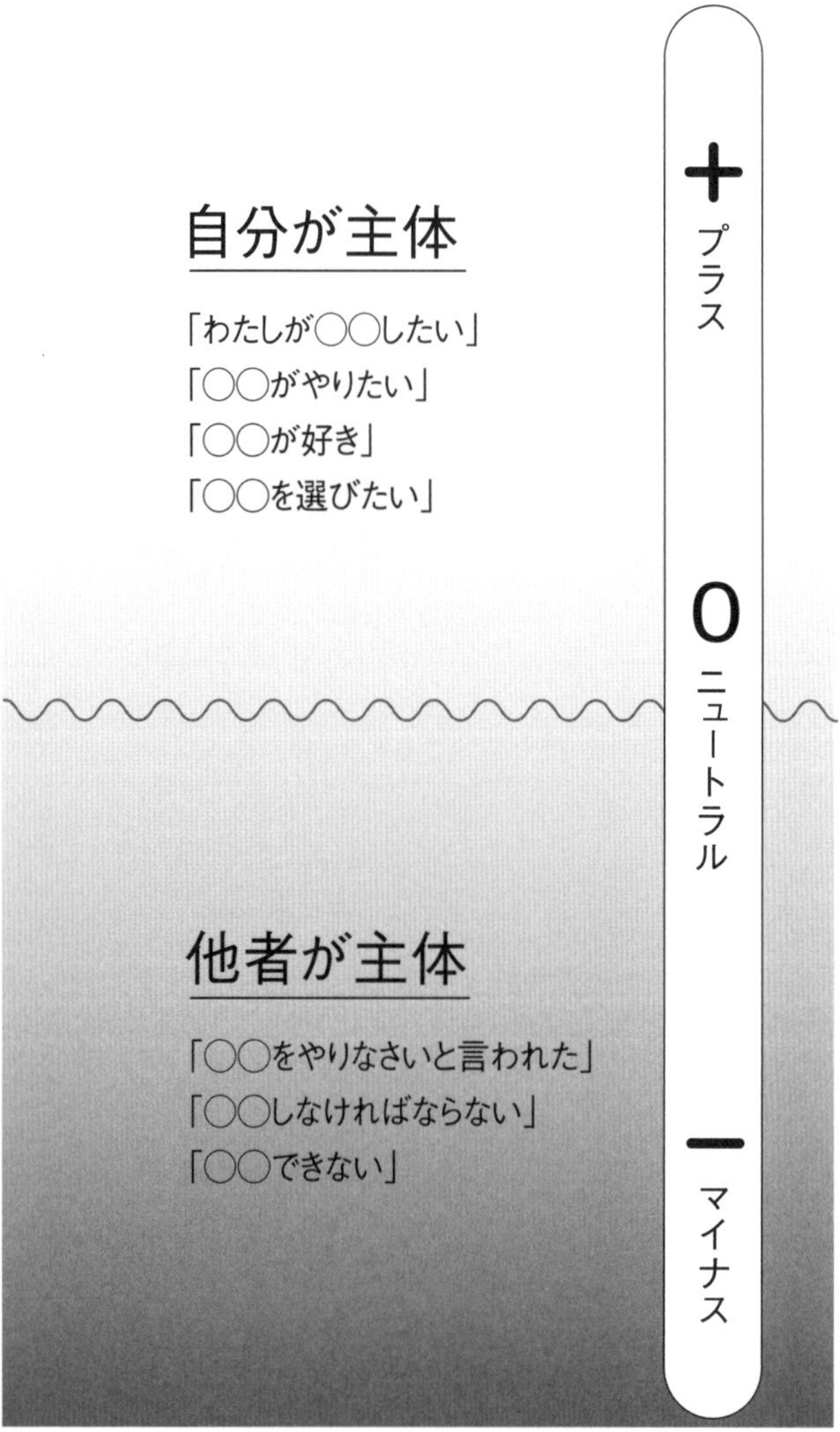
自分が主体
「わたしが○○したい」
「○○がやりたい」
「○○が好き」
「○○を選びたい」
他者が主体
「○○をやりなさいと言われた」
「○○しなければならない」
「○○できない」
＋
プラス
0
ニュートラル
－
マイナス

こころの状態が、図の中の「マイナス」のゾーンにあるときは、「主体はわたし」ではなく、「主体は他者」となっている可能性が非常に高いと言えるでしょう。
つまり他者から見て、自分はどう映っているのか、社会的に評価されているかどうかに重きをおく視点です。「わたしが◯◯をしたい」というひとつの表現であっても、こころの持ち方によって、

●自分主体
「自分がやりたいと思っているのだから、当然やる」

●他者主体
「それはわがままだと思われないだろうか」

と、意味合いが変わってくるのです。

前者の「自分主体」の人は、自分で自分を肯定しているので、わざわざ「わがまま」という言葉を選ぶことがありません。

一方、後者の「他者主体」の人は、自分で自分を否定している、〝自己肯定感が低い状態である〟ために、「わがままだ」という言葉に置き換わってしまうのです。

「わがまま」という言い方を選んでいる時点で、「わたしのやりたいこと」は、「他の誰かから見ると、誰かに迷惑がかかること」「誰かの何かに悪影響を与えること」イコールそれは自分勝手な行動だ、という刷り込みがあると思います。

けれどわたしたちは、子ども時代の教育や親のしつけなどによって、「自分だけ好き勝手なことをするのはわがまま」であるから、「周囲と足並みを揃えるべきである、という考え方が刷り込まれています。「社会に順応することをよしとする」と思い込んでしまうのも、ムリもないことでしょう。

自分が、「わたしは〇〇でありたい」という潜在意識を否定せずに、「それでいい」と肯定できるようになると、「顕在意識と潜在意識が一致」して、「自分が自分と仲良くできる」ように変わります。

たとえばある子どもが親から、「ピアノを習いに行きなさい」と言われたとします。その子は本当は、からだを動かすことが大好きでダンスを習いたい。けれど親の意向でピアノを押しつけられたとしたら、どうでしょうか？　表面的には「はい」と言うことを聞いたとしても、「本当はダンスをやりたい」という、「自分はこうありたい」という本当の願いは消えてなくなることはありません。するとその子の無意識下では、「やらせてもらえなかった」と、親を恨んだり、あきらめの気持ちが残ってしまいます。

大人になってもなお、親を恨み続けていても、状況が変わるわけではありません。顕在意識と潜在意識を一致させるためにも、子ども時代には叶わなかったけれども、「わたしはダンスをやりたい。ダンスが好きだ」という想いを認めて、受け入れて、いまなら自分の選択でそれはできる、という行動を、許可するプロセスが必要なのです。

そこで「いやいや、いまさらやりたいことをするのはただのわがままだ」と、自分の本心をムリに抑圧し続けたり、「いまは忙しいから」「金銭的に厳しいから」とやらない理由を探し続けることは、他の誰でもなく、自分自身で本心に反抗し、本来的な自分との乖離《かいり》を広げてしまうことになります。

そのような、

内側の自分（本来の自分）

vs

外側の自分（理由をつける自分）

が対立していると、からだは緊張し、疲れやすく、こころとからだのうるおいは低下し、少しずつさまざまな不調として表れてくるのです。

自分の自然なこころのありようを認め、好きなことをやってもいいという許可を出すこと。これはひとりでもできることです。

そしてそれは、からだの緊張をやわらげ、こころとからだをうるおす潤滑油にもなり、あなたのこころの解放を助けることでしょう。

・KEY・
18

「わたしの本来的な幸せ」イコール「まわりも幸せ」

前項の図（116ページ）で、こころがマイナスゾーンにいる人が、プラスゾーンに移行するためには、どういうプロセスが必要なのでしょうか。

「わたしのこころ」は、深いところで何を感じ取っているのか。つまり潜在意識と、顕在意識をつないでいくプロセスが重要になるのですが、本書ではそのプロセスとして、「ニュートラルな（中立的な）視点に立ってみる」「言葉から変えてみる」ということを提案したいと思います。そもそも「わがままだ」という言葉自体に、ネガティブなイメージがあるように感じませんか？　そこを

「わたしが、○○をしたい」

と言い換えてみてください。すると、急にニュートラルなイメージに、景色が

変わるのではないでしょうか。

「……とはいえ、わたしが好きなことをすると、まわりが困る場合はどうすれば？」という疑問も湧いてくるかと思います。

たとえば、親の介護をしている方や、子育て真っ最中の方など。現実的なケースでも、そういった方の顕在意識は、次のような言葉がこころを占めていることが多くあります。

「わたしが親の世話をしなければならない」
「この子は、わたしがいなければダメだ」

なのでこれらの言葉についても、次のように、ニュートラルな視点を意識しながら、言い換えてみてください。

いまはまだ、こころからそう思えなくても構いません。

「わたしがわたしの好きなことをワクワクと楽しむ時間を持つと、
わたしは本質的に幸せになる。
そうすると、まわりも幸せになる」

実際に介護の現場には、「レスパイトケア」という仕組みがあります。「レスパイト」とは、「小休止、息抜き、休息」を意味し、ショートステイなどを活用することで、介護者が一時的に介護からはなれ、リフレッシュや休息を取る「介護する者のため」のケアを指す言葉です。

「長女なのだから、母の面倒は自分が見るべきだ」などというような思い込みにずっととらわれていると、そういった解決策を選び取ることができません。介護する者が「やらねば」と思っている限り、誰も介入することができないからです。けれど、一度「わたしがやらねば」マインドが外れさえすれば、解決策はあるのです。そして、それを選び取れる自分に、言葉と行動が変わっていきます。

介護する者が「疲れたな」「もう嫌だ」と思っていたとすると、介護される側にも、「疲れているんだろうな」「嫌なんだろうな」と必ず伝わっているものです。それでは、その関係がうまくいくはずはありません。

「わたしがやらなきゃ」と自分を辛い状況に追い込んでいるよりも、そういった問題を解決する仕事に従事している介護のプロフェッショナルを頼っていいのです。たとえ1泊でもショートステイを利用する。すると、介護する者も、介護される側も、ひと息ついて楽になる。それが成功体験となって、適度な距離感をつかむことができて、マイペースに「じゃあ、次はどうしようか」と具体的な行動が取れるように変わっていくことができる。

すべての人が「自分主体」で、自分の幸せを自分で選び取れるようになると、自動的にまわりの人も、自分主体で幸せになっていく。取りも直さず、それがこころのありようの真理なのです。

・KEY・
19

他者には他者の幸せがある

たとえば「介護されている親にはわたしが絶対に必要だ!」と思い込んでしまうと、仮に「よかれ」という思いからであったとしても、介護する者は相手を縛りつけ、思い通りにコントロールしようとする方向へと向かってしまいます。介護される側も、日々疲弊している介護者の姿を目の当たりにするのは辛いものではないでしょうか。それは、パートナーや家族の場合にも当てはまります。

介護する人にとってまず必要なのは、その人自身の心地よさ、です。

家族やパートナー、友人などの身近な人が幸せでいる様子を見ることができたなら、その人を大切に思っている限り、周囲の人も必ず、幸せでいられます。

介護であれば、前項のレスパイトケア等で「自分の時間を得ることを許す」ということから始める。ニュートラルに関係性を見つめ、親とコミュニケーションを取る。

「わたしでなければ」「わたしがいないとあの人はダメ」など、他者への義務感や責任感が自分の存在意義になってしまうと、「あんなにやってあげたのに！」という自己犠牲マインドが生じてしまい、結果的にお互いが苦しくなってしまいます。

「自分が主体である」ということと並行して大切なのは、

「他者には他者の幸せがある」

ということへの理解です。

子育てにおいては、「失敗したら、この子がかわいそう」と思うばかりに、先回りをして何でもやってあげる親も、一見子どものためを思っているようでいて、その子が失敗した物事について考え、学ぶ機会を奪っています。

恋愛でも、パートナーシップでも、相手のことを必要以上に心配したり、詮索したり、あれこれ世話を焼く「尽くし」行為も同じことで、「他者の自由意志を尊重していない」「他者の可能性を信じていない」（＝その人はダメな人と無意識に思っている）と言い換えることができるでしょう。

「他者には他者の幸せがある」

と認めて受け入れることとは、相手を尊重する、ということ。では、この態度をとり続けられるのは、なぜそうできるのでしょうか。

答えは、

「わたしはこうありたい」と思う自分を尊重しているからであり、そんな自分に信頼を置いている

からです。

そうなれば、他者のことも同じく信頼することができる。だから自分と他者との間にも、適切な境界線を引くことができる、ということです。

これまで、「自分が主体である」という考えを持たず、「他者が主体」として生きてきた人にとっては、「自分の幸せが最優先」という捉え方にシフトするのは、なかなか難しいかもしれません。

けれど親子関係やパートナーシップ、対人関係がいつもこじれてしまうのであれば、それは自分と他者との距離感が近くなりすぎていて、適切な境界線を引くことができなくなっている状態なのです。

責任感が強い人ほど陥りがちなのが、この距離感の問題。ある程度、他者と適正な距離を保つには、「自己犠牲のない、ニュートラルな状態」にいったん立ち戻る必要があることを知ってください。

本来、その人の幸せはその人にしかわからないものであり、その人にしか叶えられないもの。他者には他者の意志があるのだから、勝手に介入して心配したり、先回りしたりする必要はありません。

他者のことを考えるよりも、まず、

「わたしにはわたしの幸せがある」
「わたしは必ず、それを叶えることができる」

と、こころを強く切り替えてください。すると、他者に対していつももやもやしていた気持ち、ストレスも、次第に薄まっていくことを感じられるはずです。やがて、結果的に「あの人は、自分で幸せになるチカラをちゃんと持っている」というふうに、「他者を尊重・信頼する」チカラも徐々に育まれていくことでしょう。

・KEY・
20

「自分」を信頼するために

他者を信頼できるようになることは大切です。けれど、その前にはまず、「自分を信頼すること」が大前提です。

ある料理研究家の方の言葉で、とても印象に残ったものがありました。その方は、「あるときふと、〝わたしは、わたしのやっている料理という仕事を信頼できる〟と、思ったのです」とおっしゃったのです。では、この方はなぜ、そういう考えに至ることができたのでしょうか。

他者からの評価でしょうか。おいしい料理のスキルを身につけたからでしょうか。自身のレシピ本が大ヒットしたからでしょうか。

もちろん、それらの「他者からの評価」もありますが、それよりも何よりも大切なのは、「自分の内なる気持ち」です。それは、自分は料理をすることが本当に好きで、料理に対して価値や可能性を感じている、ということ。だからもっと何かを生み出せるだろうし、もっと人を喜ばせることもできる。「わたしはそういう存在なんだ」と、自分自身を認めることができたのです。
「自分の内なる気持ち」と「他者からの評価」が合致すると、顕在意識と潜在意識はより強いタッグを組めるようになります。仮に「他者からの評価」だけがあったとしても、肝心の「自分の内なる気持ち」が強くなければ、「自分の仕事を信頼できる」という、この強い言葉は出てこないでしょう。

「わたし」は、何が好きなのだろう？
「わたし」は、どんなものに価値を感じるのだろう？
「わたし」が、可能性を感じるものは何だろう？

いま、「自分を信頼するなんてできない」と感じている方は、まずはこれらのことを深掘りし、実践してみましょう。そのとき、すぐに「他者からの評価」がついてくるとは限りません。けれど「これが好き」という「自分の内なる気持ち」

を起点に動いている限り、わくわくした気持ちやプロセスを楽しむことで、ひとつの達成感を味わうことができます。そして、経験値とともに、スキルも磨かれるはずで、人に認められる可能性も高まり、自分にとっての成功体験となっていくはずです。

人は、「他者からの評価」だけを追い求めても、自分の中で欠けたものが埋まることや本来的に充足することはありません。

なぜならそれは、他者からの評価を気にする「相対的な生き方」だからです。相対的ではない、自分だけの「内なる気持ち」こそが「絶対的な価値観の生き方」であり、自分への信頼へとつなげる道です。

本当に好きなもの。自分にとって大切で価値があり、可能性があるもの。「自分にとって信頼できるもの、絶対的な魅力を感じるものはこれだ」という判断基準を持っているということは、自分に対して自覚的であり、「自分主体」であり、自分を信頼・尊重できている、と言えるのです。

あなたが考える
あなたの内側から
手放したいものは
何ですか？

・KEY・
21

お金と呼吸はつながっている

人が一生関わるもののひとつに「お金」があります。わたしは「お金」というものを、エネルギーだと考えています。

人はどのようにして、お金というエネルギー源と通じ合うことができるのか。それは、「どうすれば、わたしはわたし自身を信頼することができるのか」という、本質的なテーマとつながっているとも言えるのです。

不安定な経済情勢が続く中、お金にまつわる不安・不満が尽きない……という人は少なくないことでしょう。

「いまある貯蓄がなくなってしまったら?」
「仕事を失い、稼げなくなってしまったら?」
「がんばって働いていても、給料が上がらない」……。

こうしたお金に対する不安と、まずはしっかりと向き合ってみましょう。それは、あなたの深層にあるエゴブロックと対峙することでもあります。

なぜならば、つねにお金に対する不安がつきまとって離れないという人は、「〇〇がない」「〇〇が足りない」という、「お金以外の何かが満たされていない」という無意識下に「不足」の感情があり、それを「お金がない」という言葉に言い換えてしまっているからです。

つまり、お金という概念は、エゴブロックになりやすいもの、とも言えるでしょう。

具体的なお金の増やし方や貯蓄の方法については、その道の専門家にお任せするとして、ここでは心身をケアする医療従事者、セラピストとしての立場から、お金とこころの関係をお伝えしたいと思います。

まず、「お金」と人間の「呼吸」は、非常に近い仕組み、エネルギーを持っているといると言えます。それは、

「出さなければ入ってこない」

「吐かなければ吸えない」


という、自然の摂理にのっとっているという点です。

これは、「使う」ためにかせぐ」ということに通じます。

お金というエネルギー上は、「使いたい」ものがある、そのために「かせぐ」ことをしよう、という循環が健全と言えます。


人間の呼吸は、からだの仕組みとしても、吐き出すことに意識を置くという構造を持っています。

「吸って」から「吐く」のではなく、「吐いて」から「吸う」という構造です。

お腹の中にいる赤ちゃんは、羊水の中にいるので肺呼吸ではなく、へその緒を通じて酸素と二酸化炭素のやり取りをしています。そしていよいよ産まれるというときには、狭い産道の中、とてつもない力で圧迫されながら羊水などを吐いて、吐いて、吐き切ったときにようやく外界へ出て、はじめて息を「吸う」。そして産声を上げるというかたちで息を「吐く」のです。

医療機関で行う呼吸リハビリの手法のひとつに、内容はともかく話をしていただく、という方法があります。とにかく言語を話していただいている間は、イコール「息を吐くことができている」というふうに、理学療法士は考えています。

わたしたち人間の呼吸は、息を「吐く」と、自動的に次は「吸う」という、準備万端の状態に入ります。健康体の人であれば、肺は放っておけば膨らむ、風船のような状態になっています。

なので、わたしたちが意識すべきは、「吸う」ことではなく「吐く」こと。

息をもっと吸いたいときや、呼吸を深めたいときには、その性質を利用して、吐くことに意識を向けるとよいのです。

からだと呼吸の話をもう少し、続けます。

「肺」という臓器はもともと、「絶対に潰れない」ために、内部に残気量を残すという、非常に素晴らしいシステムを持っています。風船をゼロから膨らませるのは大変ですが、少し空気が入った状態であれば、膨らみやすいですよね。それと同じように肺は、「吐き出しきれない残気量を必ず残す」というシステムになっていて、わたしたちがどれほど息を吐ききったとしても、絶対に吐き出し切れない量を残し続ける。つまり、「自分で自分を守る機能」を、からだはもともと有しているのです。

医療の現場では、入院患者がその日のうちに何を摂取し、どれだけ排出したのか、つながれている管を通じて、「イン・アウトバランス」をすべてチェックします。すると、人間のからだというものは、入ったものと出たものが大体イコールになるようにできていることがわかるのです。肺のシステム同様に、その仕組みの精密さには感動すら覚えるほどです。

そういったからだの仕組みは、「人生そのもの」と捉えることもでき、その中でお金というものともリンクしているように感じられます。呼吸同様に、何かに対してお金を支出した瞬間、わたしたちは絶対に、それ以上のもの、価値・時間・可能性・チャンス・喜び……を得ている。それは同時並行で、必ず起きているのだという認識を、まずは持っていただきたいと思います。

・KEY・
22

お金はニュートラル

お金の流れについて、呼吸の仕組みになぞらえて紐解くと、いまもやもやしている人の多くは、酸素を「吸おう、吸おう」としてばかりいる状態と、よく似ています。

無意識のうちに、自分の可能性よりも「お金の方が上」「お金の方が強い」と思い込み、お金を使うことを極度に不安がったり、残高が減ることを恐れたり。

けれど、「お金を支払った額以上のものを得ている」という感覚が磨かれている方は、この不確実な現代社会の中においても強いのです。なぜなら、得ているものは物質的なものに限らず、

「自分はすでに何かを得ているのだから、
自己実現のために、躊躇《ちゅうちょ》なく支出することができる」
という真理を無意識につかんでいるからです。

そして、呼吸がつねにニュートラルな状態であるように、わたしたちはお金に対しても、何かを得ることだけではなく、支出することのメリットという視点を、もう少し考えていく必要があるでしょう。その点が腑《ふ》に落ちていない限りは、お金というものが持つ、本質的な豊かさを享受することは難しいからです。

もちろんそれは、意味なくお金を使いなさい、ムダ遣いをしなさい、ということではありません。ここで大事なのは、自分にとって、
お金を支払うこと以上に価値あるものは何なのか
ということです。

そしてお金がテーマであっても、変わらず大切なのは、「自分は、本当は何が

したいのか」という、自分主体の価値観です。

「お金が減るのが嫌だ」「せっかくここまで貯めたのだから」……と残高ばかり気にしてしまう。また一方で、「他者からの評価が欲しい」という承認欲求からお金を使いすぎて、「まだまだ足りない」と不足感を募らせる。どちらの意識の背景にもつながっているのは、「自分は、本当は何がしたいのかがわかっていない」、という認識不足があります。

お金というものは、「貯めるため」や「見栄《みえ》を張るため」だけに存在しているものではなく、自分が本当にしたいことに向かうための一助として、この世界に存在しています。

つまり、

お金というものは、あくまでも自己実現のためのツールに過ぎません。

お金自体は無味無臭で、ニュートラルな存在なのです。プラスと捉えた人にはプラスになっていくし、マイナスと捉えた人にはマイナスになっていく。お金というものに乗っかっている、使う人の思い、エネルギーによって、さまざまなかたちにその姿を変えていくものなのです。

ですから、必要以上に崇《あが》めれば、1円でも減ってしまうと自分の身を削られるような気持ちになるでしょう。

お金は、あなたのこころの投影に過ぎません。使い方によっては増えたり減ったりするけれど、「ニュートラルなもの」として扱っている限りにおいては、崇めたり恐れたりする必要もないものです。

ただシンプルに、お金イコール「労働をすれば手に入るニュートラルなもの」と捉えていきましょう。

・KEY・
23

お金を手放すときのヒント

あなたにとって、お金を上回る「何か」はありますか。

「自分は、こういう生き方がしたいんだ」という覚悟を持つことは、呼吸における「吐く」ことと、同じ意味合いがあります。

目的に対する覚悟を持つ。それをちゃんと決める。

すると「出す」ということに対しても、次第にマイナスの意識がなくなるので、ニュートラルな状態で、お金に向き合うことができるようになります。

けれど「お金がない」ということだけに意識がフォーカスしている場合、それは「本当に実現したいと思うことについて、まだわたしは覚悟が持てていません」と言っているようなもの。その不安を、「お金がない」という言葉にすり替えているだけなのです。
自分は、何のために生きているのか。その望みが明確になるほどに、お金に対する価値観や認識はニュートラルに変化して、もっと本質的な豊かさをつかむことができるようになるでしょう。

自分は、どんな人生を歩むことで充足するのか。自分自身に対して、そこを徹底的に見つめていく。また、「それを選び、挑戦してもいい」というふうに、他の誰でもない、「自分」に優先順位を向けましょう。

そういうプロセスを積み重ねていくと、大きなお金を支払うことになったときでも、残高的には一時的にマイナスになったとしても、「これは自分のために使うコストなのだ」と、ニュートラルに捉えることができるようになります。また、「本当にやりたいこと」が見えているときは、お金を得て、貯めるプランまでしっかりと立てられるはずで、ムダな支出も控えるマインドになっているものです。

必要なお金ならば出すことを厭《いと》わず、
自然に手放す。

それは本来的なお金のループであり、「吐く」という呼吸がしっかりと循環している状態と同じことです。お金も呼吸も、健全に回っている人のもとには、必要な分だけ、吐いた分だけ、またちゃんと入ってくるという、この仕組みをぜひ、もっともっと信頼してほしいと思います。


お金・もの・人。

この世界では、何かを手放そうとするとき、きっと少しの痛みを伴うもの。

そして手放す覚悟が決まるまでは、当然、さまざまな葛藤も湧き起こってくるでしょう。

けれど、そこで伴う痛みは、決して「後退」でも「マイナス」でもなく、変化に対する覚悟を持てた証であり、むしろ「前進」なのだと言えるでしょう。

「お金」ではなく「自分」を見つめ直すことができたなら、手放したもの以上の豊かさが、あなたに返ってくるのです。

あなたが人生で
出会いたいのは
どんな人ですか？

Primary
Professional
Therapist

Chapter 4

本当の自分を知るためのステップ

Primary
Professional
Therapy

Chapter 4

・KEY・
24

「本当の自分」に会いにいく

ここまで、「こうありたい」という自分の本当の望みを知るために、こころのエゴブロックを外して、顕在意識と潜在意識をつなげていくことが大切だとお話をしてきました。

ここからは、どうすれば潜在意識だけが知っている「本当の自分」に会いにいくことができるのかをお伝えしたいと思います。

また、考え方だけでなく、実際にこころとからだを使って、体験することによって気づくことも多くあります。本章の後半では、すぐに実践できる呼吸法を使った「解放のワーク」をご紹介します。

・KEY・
25

あなたの無意識はどこの起点にいますか？

無意識の起点

プラスの考え方

より好きなことを追求する。
発展・繁栄してどこまでも
飛んでいけるイメージ。

ニュートラルな考え方

メリットとデメリットを
両方考える。
まっすぐ歩いているイメージ。

マイナスの考え方

できない理由を探したり、
条件つきや、他者が主体で
考える。落とし穴の中で
動きまわるイメージ。

＋ プラス
0 ニュートラル
− マイナス

116ページでも触れていますが、右の図は、あなたが無意識に考えをスタートするときの状態が、

①「ニュートラル」
②「マイナス」
③「プラス」

の3つのゾーンのうち、どこを起点にしているのかを表したものです。

たとえば、

「あなたは、どんなことで幸せになりたいと思いますか？」

と問われたとすると、頭にすぐ浮かぶワードは次のうち、どれが近いものでしょうか。

→①ニュートラル

「どんなことをやれば、自分はワクワクするのかな？　楽しめるかな」

「自分がやってみたいことには、メリットや喜びもあるけれど、デメリットやリ

スクも同時にあるな」など、自分主体で、客観的に俯瞰できている考え方。

↓②**マイナス**

「自分に自信が持てたら」

「金銭的余裕が持てたら」

「周囲に認められたら」

「誰かが私を幸せにしてくれれば」

など、条件をつけたり、他者を介在させている考え方。

満たされないものを埋めようとしたり、できることの中でも、最も消極的なことから選ぶという考え方。

↓③**プラス**

「趣味など、自分が楽しむ時間を、もっと増やそう」

「情報を共有できる仲間と出会うために行動しよう」

「友人に伝えて、お互いが楽しめるようにプランを立てよう」など、自分主体で、より好きなことを追求する考え方。

いかがでしょうか。思い当たるワードによって、いまのあなたの潜在意識がどんな状態になっているのかがわかります。

重要なのは、いま、無意識に考えをスタートさせるとき、どこに起点を置いているのか、気づくことなのです。

起点がプラスのゾーンにある人は、自分ひとりであればシンプルに、「好きなこと・楽しめること・興味感心のあることをやってみよう」となるし、他者との関係であれば、「自分にとってプラスの作用になるものを、自分が心地いいと感じる人や仲間と一緒にやってみたい」というふうに感じるものです。ここにあなたの起点があれば、このまま発展・繁栄へと進んでいくことでしょう。

起点がマイナスのゾーンにある人は、「○○になれば」「○○しないようになれば」など、いまはやらない理由を探したり、不安や依存がベースにあるために、「消極的な選択」になっています。

物事を選択する起点がネガティブ寄りになっているので、実際には起こっていないこと、考える必要のないことを、マイナスのゾーンでぐるぐるとくり広げてしまっている状態です。

「自分は、起点がマイナスのゾーンになっているな」と感じた方は、その状態をまずニュートラルに、こころの初期設定を見直す必要があります。

そして起点がニュートラルのゾーンにある人は、プラスのゾーンとマイナスのゾーン、そのどちらも見ていると言えます。

つまり、向かおうとする物事に対するメリットもデメリットも、どちらもよく俯瞰して見えている。

それは、「失敗でもなく」「成功でもなく」、いつどんなときでも、「自分はここから、選び直すことができるのだ」という状態にあると言えます。

いま、「マイナスゾーンにこころの起点がある」と気づいた方は、いきなりプラスゾーンの「発展・繁栄」へのステップに進もうと焦るのではなく、いったん、このニュートラルの状態へと進むことが、とても重要なのです。

そして、前向きな気持ちを大切に、行動に移すことができたとき、あなたはまた一歩、本来的な自分へ近づいたと言えるでしょう。

・KEY・
26

ニュートラルから「引き寄せる」

いまではずいぶん、一般的になった「引き寄せ」という言葉ですが、わかりやすいので、その観点からも「マイナスゾーン」「プラスゾーン」「ニュートラル」のこころのあり方についてご説明していきましょう。

まず前提として、「引き寄せ」とは、自分が動いた、意図した結果としてあるものです。何もせずに、タナボタ的に願いを叶えようとする発想は、マイナスゾーンを起点にしている、と言えます。

意図して、行動し、その結果のプラス面をクローズアップしているのが「引き寄せ」です。自分のこころのありようを観察し、向き合った先に、本当の望みが浮かび上がってくるものなのです。

結論から言いますと、こころが「マイナスのゾーン」にある状態では、どんなに願い事を口にしたり、あるいは紙に書いたりしてみたところで、本書の意図する「引き寄せ」が叶うことはありません。なぜなら、願望の実現に向かうためには、まずは「マイナスゾーン」が起点になっている状態を、いったんニュートラルなボーダーラインに設定し直す作業が必要だからです。無意識の起点の図（154ページ）を見てもわかるように、マイナスゾーンからプラスのゾーンへは、物理的にも距離が開いていると思いませんか？

つまり、こころがマイナスのゾーンにいるままでは、プラスにある願望の実現までの道のりは遠い、ということです。

マイナスのゾーンで何かを望んだとしても、他者主体の考え方となっているため、何かをコントロールしようとしたり、意図の置きどころを間違ってしまうのです。まずは、ニュートラルに自分を見つめる作業から始めていきましょう。

では、こころをつねにニュートラルな状態に保つためには、どうすればいいのでしょうか。

答えは、物事に向かうときはいつでも、

「わたしは何を楽しいと感じる？」

「どんなことに喜びを感じる？」

「どんなことを、どんな人と共有したい？」

という問いを、その都度丁寧に、
他者を介在させずに、自分に投げかけること。

つまり、どんなときでも、

「自分はどうありたいのか」

を自分に問う、ということです。

そのプロセスを飛ばして、他者をコントロールしようとしたり、まわりに正解を求めたり、すぐに現実を変えようとはしないこと。

一足跳びに、インスタントに願いを叶えることはできません。まずは、しっかり地に足をつけることが大切です。

まずは「ニュートラルなラインを知る」。

それが、「自分が整った状態にいる」ということです。

そして、「自分が考えをスタートさせるときの起点はどこにあるのか」に気づく。

そこを無視し、また、その起点がマイナスのゾーンになっているときほど、人は必死に「勝手な引き寄せのドア」を探すもの。自分以外の何かが、誰かが、自動的に状況を変えてくれることを望んでしまうからです。

一方で、一見、遠回りに見えても、自分と向き合って見つめた期間は、あなたを支え続けるということを忘れないでください。

「いろいろ望んでいるけれど、どうして現実は変わらないんだろう?」といくら首をひねっても現実が変わらないのは、いまの考えをスタートさせるときの起点を理解していないからかもしれません。「幸運の引き寄せのドア」という、すぐに現実を変えてくれる答えが、外からやってくることはないのです。

私は医療従事者としてリハビリテーションに従事していたときも、そして、現在のセラピストとしてもなお、自分自身と正面から向き合う期間は、現実を動かすために、自分の現在位置を知るという、とても重要なプロセスであると確信しています。

「起点をマイナスのゾーンから、ニュートラルに設定したい」という願いを自覚することができたなら、あなたの意識はニュートラルな位置に再設定できます。

何かを「引き寄せる」というのは、取りも直さず、「自分が自分のために○○をしたい」と思うからこそ実現するという、至ってシンプルな仕組みのことです。

人のこころとからだには、どんな人にも自然治癒力が備わっているように、もともと、「自分が願ったことを自分で実現するチカラ」が備わっているのですから。

つまり、「引き寄せのドア」は、自分の中にしかありません。

そして、そのドアはいつから開けても、決して遅くはないのです。こころのマイナスのゾーンからの脱出を試みる。それこそが「本当の自分」に気づいていくための、こころのリハビリテーションと言えるでしょう。

・KEY・
27

意図のチカラ

「意図」という言葉は、これまでも本書の中で出てきていましたが、ここでは特に、特別な意味を持つ言葉としてお伝えしたいと思います。

改めて、「意図する」とは、自分がある目的を持って、何かをしようとする、また実現しようとすることです。

「そんなの当たり前」と思うかもしれませんね。けれど、ここまでお読みいただいた方は、アクセスすることが難しい潜在意識の領域に「本当の自分」がいること、「エゴブロック」（87ページ）「ダミー案件」（100ページ）などによって、ときにこころは、「本当はこうしたい」ということから、全くかけ離れた行動に出る仕組みをご理解いただけたのではないでしょうか。

自分自身が何を意図して、何をやっていくのかを知ることは、95%の領域にいる「潜在意識の自分」に近づいていくことでもあります。

自分自身にとって、本当に大切なものは何か。
自分の原動力になっているものは何か。
自分が必要としているものは何か。
自分は、どんなことに対して、見て見ぬフリをしているのか。

そのような内省の時間は、一見遠回りに見えます。けれど、道のりをショートカットしようとするのではなくて、もっと内面を深く掘っていくことが大切であり、その作業こそが、人生を生きやすくする近道にもなるのです。

やがて「本当の自分」の輪郭や、「本当に大切にしているもの」の片鱗《へんりん》に触れることができたとき、はじめてこころは充足し、望んでいた現実は、思わぬカタチで立ち現れてくることでしょう。

「意図を制する者は、意識を制する」。

そう言われるほど、この「意図のチカラ」は大きいものです。

呼吸や瞑想《めいそう》を行うヨガでは、インストラクターも、「何を意図して、今日のメニューを行うか」ということを設定しています。それは美しいポーズなのか、リラックスなのか。あるいは自分のペースで、ポーズにはこだわらずに行うのか。同じポーズをとるにしても、意図の使い方によって、全く違うヨガになっていくのが「意図のチカラ」であり、興味深いところでもあります。

たとえば呼吸ひとつとっても、「からだの深部に意識を向けるために行う」と意図すると、呼吸がスーッとからだの奥に入っていくことが感じられて、瞑想後のように心身が「すっきりと整う」状態になるでしょう。一方、何も意図せずに呼吸を行った場合は、「ただ呼吸をして終わった」という程度にとどまります。

意図するのか、しないのか。

それにより、効果、感じられるものは全く変わってくるのです。

とはいえ、あまり難しく考えずとも、みなさんも日常の選択のシーンで簡単に、意図を立てる練習を行うことはできます。

たとえば、「自分にとって、満足できる食事はどんなシーンか」について考えてみてください。

A「上司や取引先など気を遣う相手と、高級レストランで美味しいイタリアンを食べる」

B「大好きな人や仲間たちと、うちとけて居酒屋で楽しく食べる」

AかBか……。後者のほうがこころはもちろん、からだも充足します。それほどに、からだは正直です。

仮に、多少気を遣う相手との食事であっても、「今日はイタリアンをとことん味わう」と意図すれば、その時間を充足させることができます。

けれど、「今日は一緒にいて心地いい人と食事がしたい」と思ったのに、「望まない会合に誘われて断りきれずに、合わせて食事に行ってしまった」となると、こころはもちろん、からだにもストレスがかかってきます。自分の行動のひとつひとつに対しても、丁寧に意図を立てる習慣を持たずにいると、自分で自分を、うっかりだまして、気持ちと行動をちぐはぐにしてしまうことになりかねません。

また、意図のチカラは、前向きに育てていくことができます。

1日24時間の中でも、「何を意図して過ごすのか」に対して自覚的になると、思考はかなりクリアに整理されていくでしょう。

「自分は何を意図して、それを選択するのか」。選択の核となる意図のチカラは、想像以上のエネルギーをわたしたちにもたらしてくれるのです。


ですが、現実生活においては、好きなことだけをするわけにはいかない、という場面も多々ありますね。そんなときは、以下のように意図のチカラを立ち上げましょう。


「家族を養うために、この会社でがんばる」

「子育てとキャリアの両立のために、いまは自分の趣味は後回しにする」

「苦手な上司ではあるけれど、自己実現のスキルを身につけるまでは転職しない」

「海外旅行に行くお金を貯めるために、短期のアルバイトをする」……。

現実的な課題を越えなければならないときも、意図のチカラはこころのケアに役立ちます。このように意図を立ててから、ぜひ目標に臨むようにしましょう。自主的に選択したことに対して、「○○のために」「○○の間は」「○○にベストを尽くす」と自分で意図することで、からだはついてきてくれますし、それらを乗りきるためのエネルギーもおのずと湧いてきます。

極端に言えば、「お金のために、割りきってこの仕事をする」という意図でも、期間限定であればいいのです。

大切なのは、「自分が本当に望んでいることからは決して離れない」ということ。

そこを起点にしている限り、多少ハードルが高いことであっても、意図はチカラを発揮してくれることでしょう。

Primary
Professional
Therapy

Chapter 4

・KEY・
28
「推しは尊い」という意味

人は本来、自発的に「自分が好き・自分が楽しい」と思う時間を過ごしているときがいちばんポジティブであり、幸せであり、かつ発展的な状態にあります。

けれどこころがもやもやしているとき、その理由として「プライベートを優先させていない」という項目（58ページ）でもお伝えしましたが、仕事や学業等の自己実現を叶えていくためにも、まずはプライベートから、自分が心地よいと感じる時間を増やして、充足することが大切になっていきます。

特に趣味や、最近よく話題になる推し活は、「自分のまま」で生きるための最強ツール。「自分で自分をご機嫌にできるもの」と考えると、現代人にとって大切なものと言えるでしょう。

さてあなたは、

自分を心地よく整えるツールやアイテムをどれだけ持っていますか？

または、そのことに対して自覚的になれているでしょうか？

ただ、「自分の好きなことがわからない」「やりたいことがわからない」という人も少なくありません。そして、そんな状態に陥っている人の多くは、エネルギーが枯渇して、自己肯定感も低くなっています。ここでいうエネルギーとは、外からの刺激ではなく、こころの充足を意味しています。

たとえば、あなたにある推し（好きな人、もの、ことを指す）がいたとします。推しですから、もちろんとても好きですし、自分にとっては大きな価値があるでしょう。それらのパワーはこころの中で集約され、その人や、そのことを考えたり、実行できることは、やがてあなたのエネルギーとして変換されます。こうしてエネルギーを高めることは、その人自身の幸せにもつながっていくのです。

エネルギーは、「なりたい自分」として生きるチカラの源。自分主体の生き方を底上げしてくれるものです。推しという存在を通じて、自分の感性が磨かれて

いくので、

「自分はこういうものが好きなんだ」

「こういうものに価値を感じるんだ」

と、これまでは自分でも知らなかった自分を知ることができ、新しい世界を広げるきっかけにもなっていきます。


本書のテーマでもある「本当の自分を知る」とは、「尊いもの」を知るプロセスとも言い換えられます。よく「推しは尊い」などと言いますが、まさに「わたしのために存在してくれてありがとう」と存在自体に感謝できるツールのひとつです。

それは「推し」ではなく、料理であってもいいし、キャンプであってもいいし、スポーツでも手芸でも、ペットであっても、大自然であってもよいのです。つまり趣味でも推しでも、「好きなものを主体的に選んで、充足した時間を過ごしているかどうか」という点が重要で、それは顕在意識と潜在意識が仲良くできているかの、バロメーターにもなるのです。

なぜなら、それらの「好き」で「夢中になれるもの」を楽しんでいるとき、「わたしはわがままだ……」といった罪悪感を感じる方は、あまりいないはず。それ以上に、ダイレクトに「好き」「心地よい」という感覚の中にいるからです。誰がなんと言おうと、「その時間を確保したい！」と思い、自然に行動しているのではないでしょうか。趣味や推し以外のジャンルであっても、同じように選択して、行動していい。

つまり、「わたしが好きでやりたくてやっている」イコール「主体的である」ということ。

それがそのまま、その人のエネルギーになるのです。その練習として、ずっとやりたかったことをやってみる。行きたかった場所に足を運んでみる。または趣味や推しを活用して、心地よい充足感を味わいましょう。

・KEY・
29

「自分が変わる」という覚悟

こころの深層部にある潜在意識には、「わたしは、本当はどうありたいのか」という本心がある、ということをここまでお伝えしてきました。

想像してください。

この「本当の自分」というこころのままに日常を生きることができたなら、どんな感じがすると思いますか？　いまよりももっと自由にしなやかに、もっと気持ちがよく軽やかに、もっともっとのびのびと、まだ見たこともない自分の世界と、その可能性を広げていくことができるのではないでしょうか。未体験の世界はきっと、想像以上の光を放っていると思います。

あなたはもともと、大海へつながる本流のまま、さらさらと流れていきたかったはずです。それがいつのまにか支流・脇道へと逸《そ》れていき、どこから戻ればいいのか、何から手をつけていいのか、もはやわからない……。そんな状態に陥っている方々はいまこそ、「本当の自分」に会いに行きましょう。

本書をお読みくださったということは、あなたはもう、そのタイミングを迎えているのではないでしょうか。そして、本当のところでは、それを望んでいるのではないでしょうか。

あなた本来の「なりたい姿」「本当の自分」になるために、大切な大前提があることについても、最後にお伝えしておきたいと思います。

それは、「自分が変わるのだ」という、ある種の覚悟です。

覚悟、と言われると、プレッシャーを感じてしまう方もいらっしゃるかもしれませんが、どうぞ安心して、ぎゅっとチカラを入れていたからだを緩めてください。変化とは、これまでの自分を否定することでも、むやみに何かを壊そうとすることでもありません。

あなたがいま起こすべき変化とは、まだ見ぬ、光差す方向へと向かう最初の一歩のこと。「望むからこそ向かっていく」という、前向きな意味での変化です。

少しずつでも、ゆっくりとでも、構いません。

そんな変化を重ねることによって、「世界が変わって見える」ような現実が、本当に起こり始めます。

そのためには、「他者に決定権を委ねる」という受け身な、そして依存的な姿勢からは自立していかなければなりません。

「それが本来の望みであれば、あなたのからだも、ちゃんとついてきてくれる」のです。

Primary
Professional
Therapy

Chapter 4

本書でお伝えする、そんなこころの仕組みは、自分が変わらずして希望の現実を引き寄せよう、といった類《たぐい》のものではありません。望む何かを手にしていくには、自分自身がまず変わること。

この大前提を受け入れる大切さを、ぜひゆっくりとでも理解していただきたいと思います。

・KEY・
30

「本当の自分」は走り続けられる

わたしたちのこころを車にたとえてみましょう。

本心から「やりたい」「好きだ」と感じることを燃料にしている限りにおいては、この車は、「永続的に」走り続けることができます。

それがわたしたち人間であり、こころはもともと、そういう機能を搭載している車だと考えてください。「やりたい」「好きだ」と感じることは、質のいいガソリンで走り続けるようなもので、エネルギーが枯渇することがないのです。

けれど現代社会では、成功や富、社会的評価や「いいね！」という承認や賞賛をガソリン代わりにして、「それがあるから、先に行ける！」という車種に乗り換えてしまった人が多いように感じます。

それでは、賞賛をたびたび注入しなければ、エネルギーが枯渇してしまいます。

本当は望んでいないこと。好きではないこと。けれど、「そこに向かわなければならない」といつのまにか思わされ、行きたくない場所へと走らされる。そんな状態が続くと、資源がないのに空焚きで走り続けて、エンジンはボロボロになってしまいます。

しかもその結果、遠くまで走ることもできません。途中までは行けたとしても、本人としてはつねに大変で、いつもがんばらなければならず、安らぎがない状態で、つねにメンテナンスが必要になってしまう。そんなふうに生きていく過程では、いずれその車は故障してしまうでしょう。

もともとは、「自分は、こういうことが好きなんだ」とみずから湧き上がる気持ちさえあれば、それを大切な資源として、わたしたちはどこまでも走って行くことができます。それは、潜在的な、内側にある「こうしたい」という願いが顕在化して、外側の意識にまで、しっかりと昇っているということ。潜在意識と顕在意識が合致しているという状態なのです。

WORK

・KEY・
31

本当の自分とつながるワーク

ここからは、潜在意識にある「本当の自分」とつながるために、すぐに実践できるワークについてお伝えしていきます。

本書ではこれまで、目に見えないこころのさらに深いところまで掘り起こして、内側を見ていくことをお話ししてきました。

ずっとこころについて考えてきたので、このワークにおいては、

「頭で考える前に、感じてみましょう」

ということを提案したいと思います。

それは、こころにグッとフォーカスしていた意識を、もう一度からだに戻すという作業になります。こころとからだはつながっていますから、まずからだで感

WORK

じる。するとからだを通して、こころも解放を味わうことができるのです。

まるでメビウスの輪のように、からだとこころがつながり、相乗効果で解放されていく感覚を味わっていきましょう。


からだとこころの解放を体感するために最もおすすめなのは、

「呼吸」

です。


わたしたちは普段、無自覚に呼吸をしています。この「無自覚に行っていることを自覚する」という行為は、

「無意識のものを表に出していく」

ということにもつながっていきます。

呼吸は、もっともシンプルかつパワフルな、本当の自分との架け橋なのです。

今回ご紹介する呼吸法は、頭のてっぺんから足裏まで、からだのすみずみを体感することから始まります。

呼吸というと、胸、お腹、鼻、口といったからだの中枢や前側にフォーカスが集まりがちです。それでなくとも、わたしたちは日頃から、からだの前側に意識が集まっています。そこをあえて、手先、足先をゆるめることから始めて、からだの末端から、次第に中枢までゆるめていく。そして、背骨などからだの後ろ側で支えている部分への意識をプラスすることにより、エネルギーを滞りなく循環していき、解放していくイメージです。

一連の呼吸と動きによって、こころとからだをゆるめ、解放する要素がすべて詰まっているので、「解放のためのオールインワン呼吸」と名づけました。

呼吸を行う際には、次のことをおすすめします。

☑からだに無理のない範囲で行う
☑ゆっくり深呼吸してから行う
☑心地よい空間で行う
☑好きなアロマなどがあれば、香りを焚いて心地よく
☑リラックスした姿勢で行う
☑鼻から吸って、口から吐くことが基本

このワークは、「こころとからだがゆるんでいく」ことを前提にしているため、口から吐く、としていますが、鼻から吸って鼻から吐く呼吸でも大丈夫です。

1~11まで全部続けてもいいですし、ピンときたものから行ってもいいでしょう。またひとつのステップだけを行うのでも、こころとからだの解放の効果があります。

では、実際にやってみましょう。

本当の自分とつながるワーク

解放のためのオールインワン呼吸

すべて3呼吸ほど行います。または自分が気持ちよく感じる回数でもいいでしょう。

1

手を合わせ、少しこすり合わせて手のひらと指の感覚を感じる。

楽な位置に手を置いて、手のひらから空間に息を吐くように呼吸する。

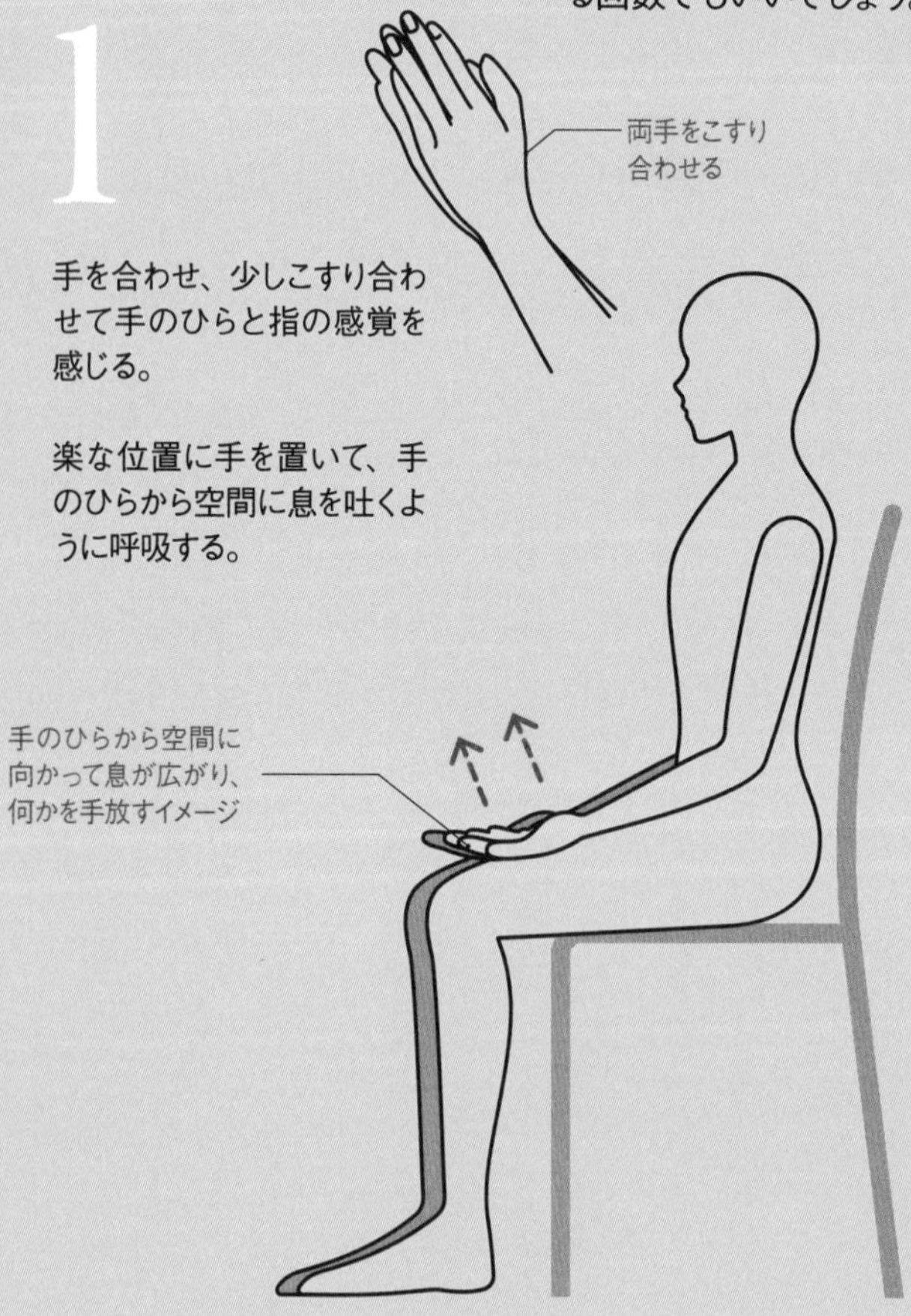

両手をこすり合わせる
手のひらから空間に向かって息が広がり、何かを手放すイメージ

2

両足の裏、足指に触れて感覚を味わう。
足裏全体から大地へと息を吐くように呼吸する。

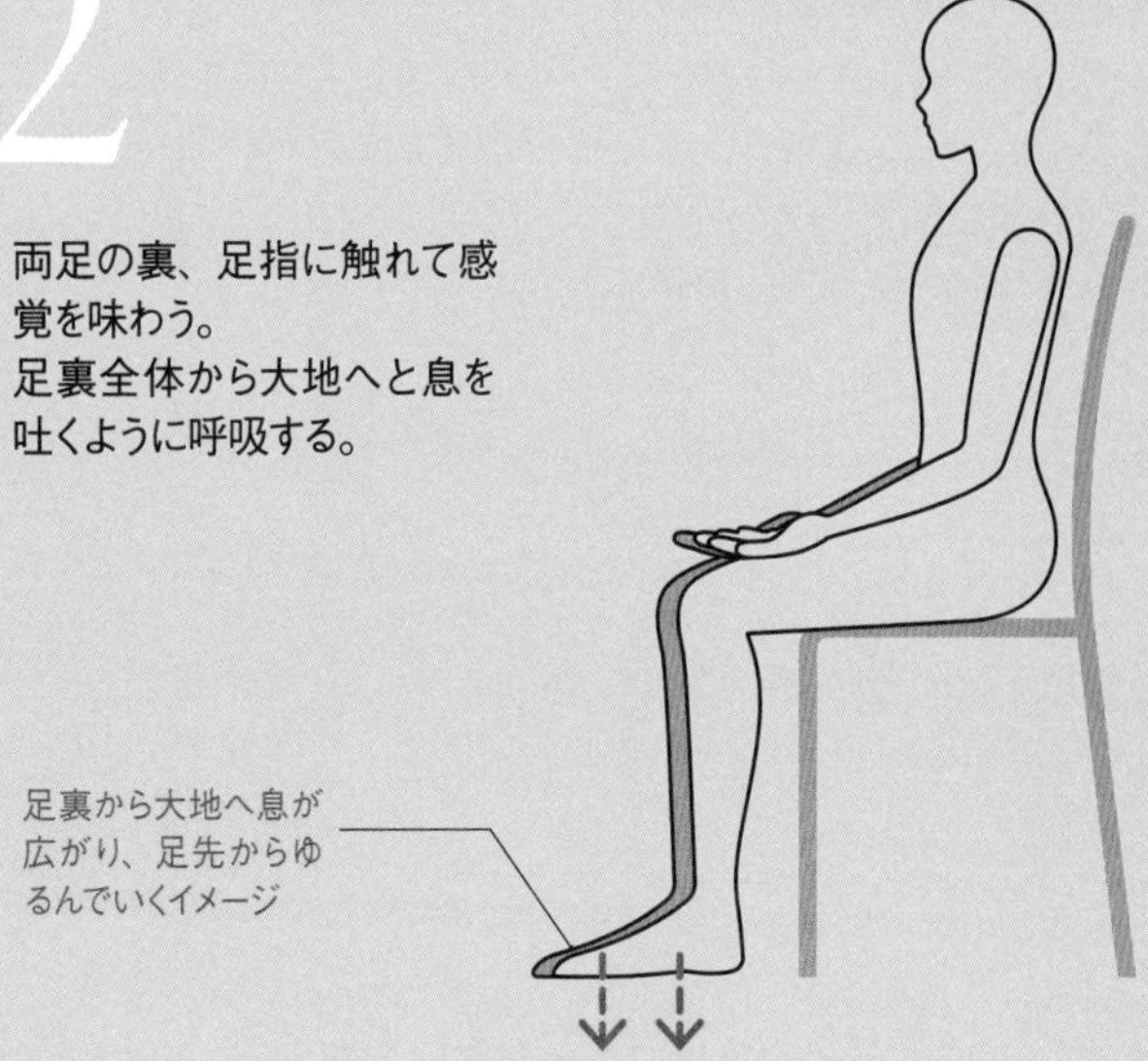

足裏から大地へ息が広がり、足先からゆるんでいくイメージ

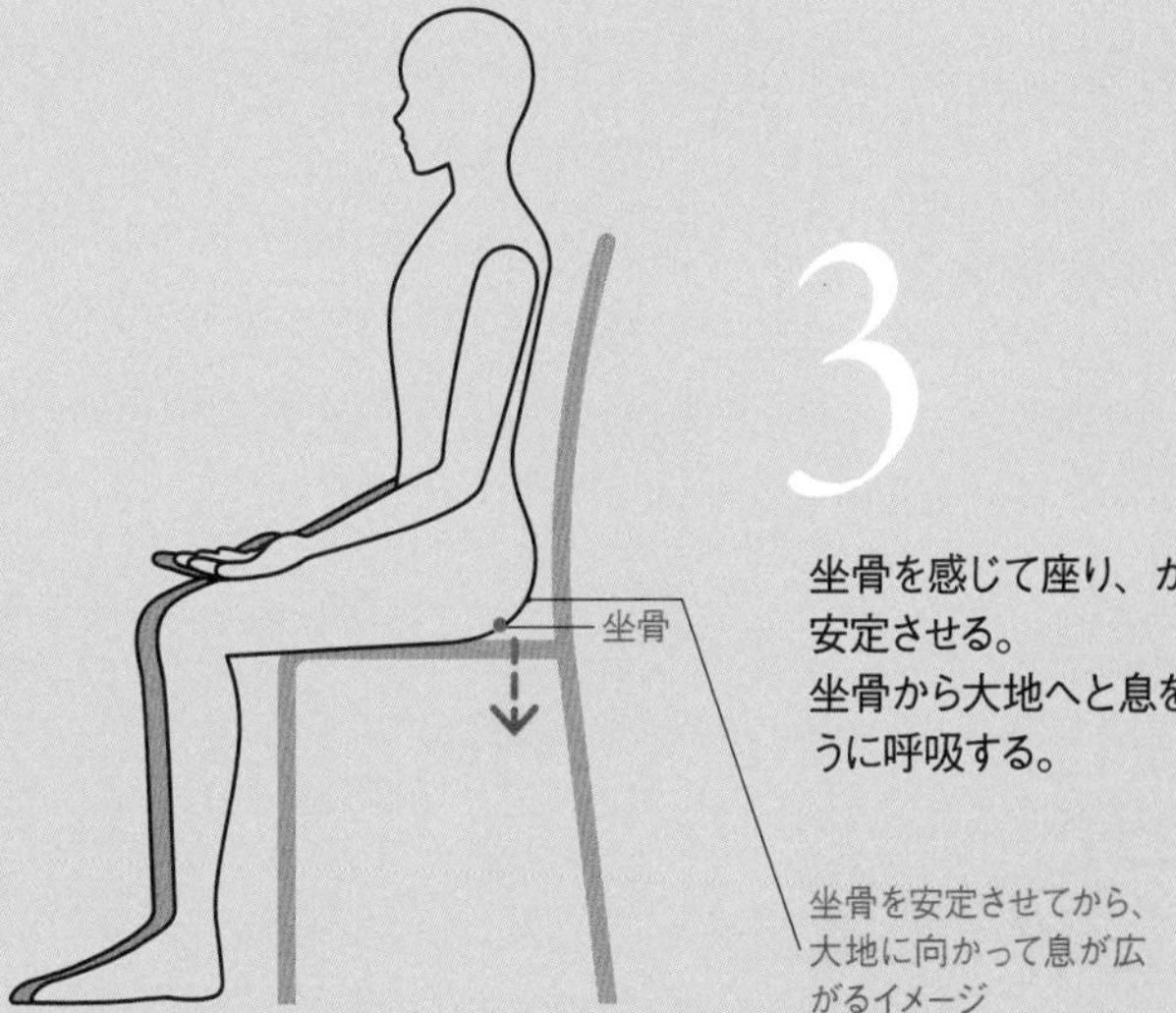

坐骨
坐骨を安定させてから、大地に向かって息が広がるイメージ

3

坐骨を感じて座り、からだを安定させる。
坐骨から大地へと息を吐くように呼吸する。

4

右手を骨盤の前側の恥骨、左手を骨盤の後ろ側の仙骨に置き、両手で骨盤を安定させる。

背筋がすっと天井に引き上がるように、背骨の感覚を感じながら呼吸する。

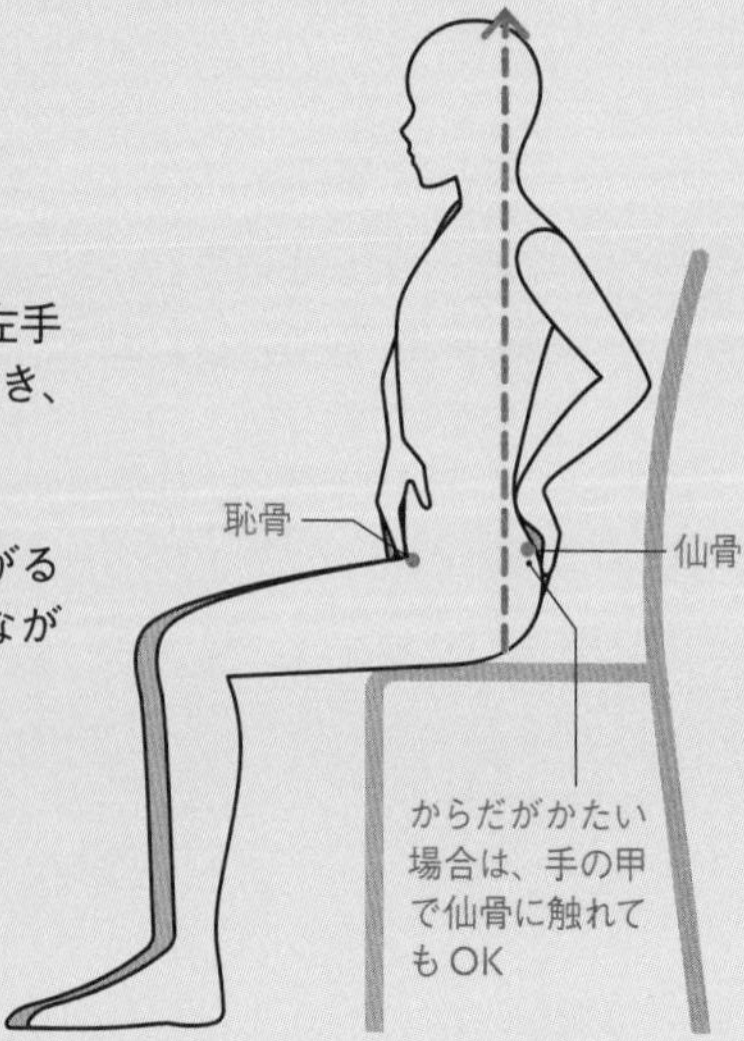

からだがかたい場合は、手の甲で仙骨に触れてもOK

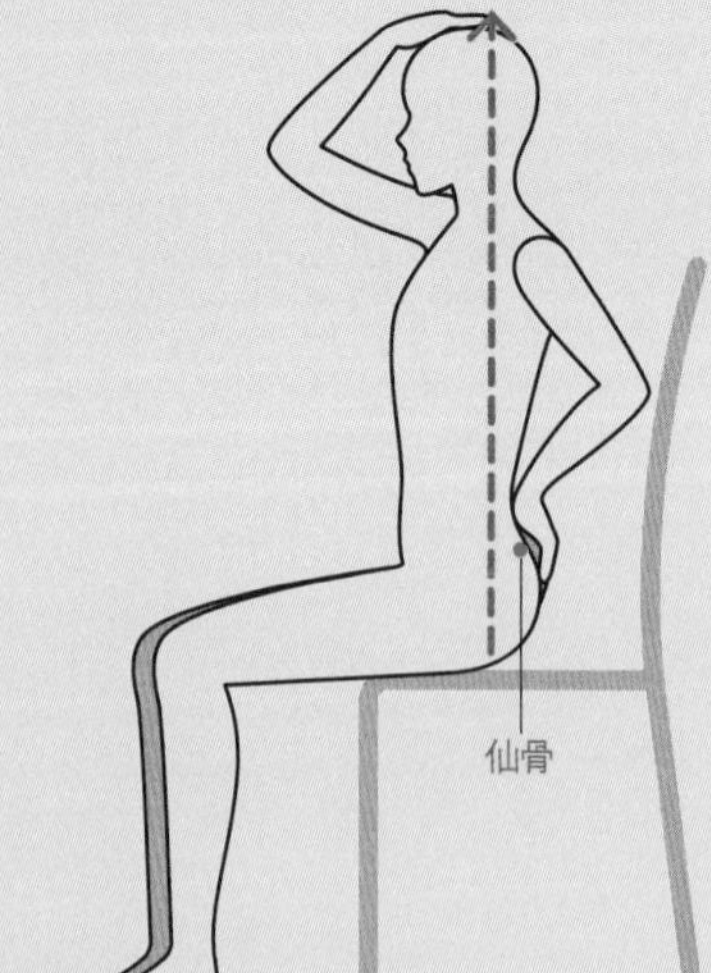

5

左手は仙骨にそのまま置き、右手を頭のてっぺんに触れる。

背筋がさらに上に引き上がるように呼吸する。

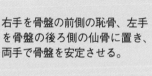

6

両手を胸の中心にやさしく重ねて触れる。

胸が上下・左右・前後に大きく広がっていくように息を吸う。
肩の力がほどけていくように息を吐く。

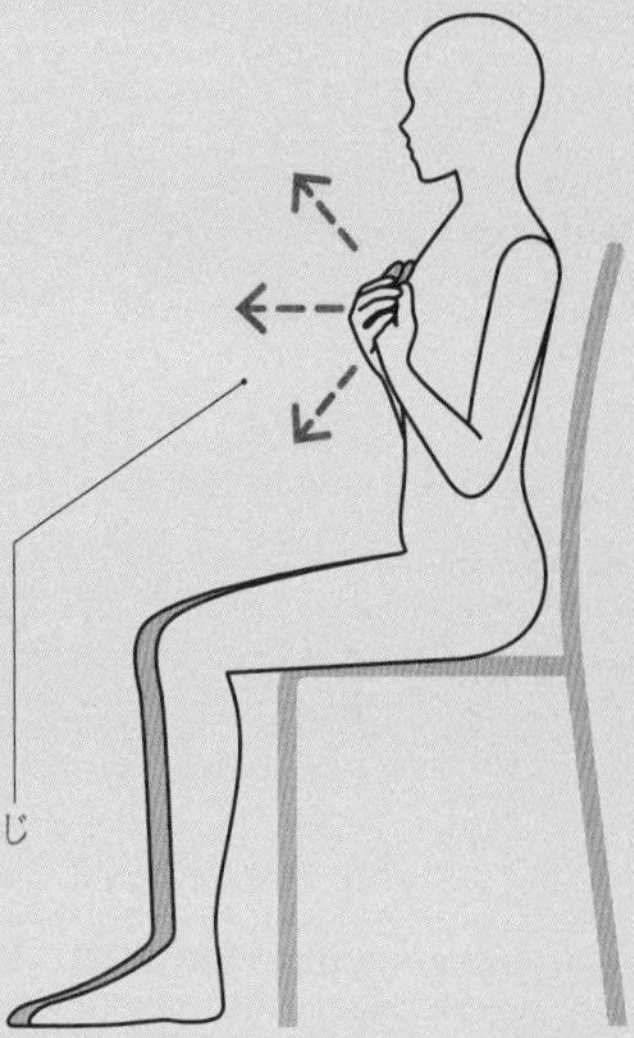

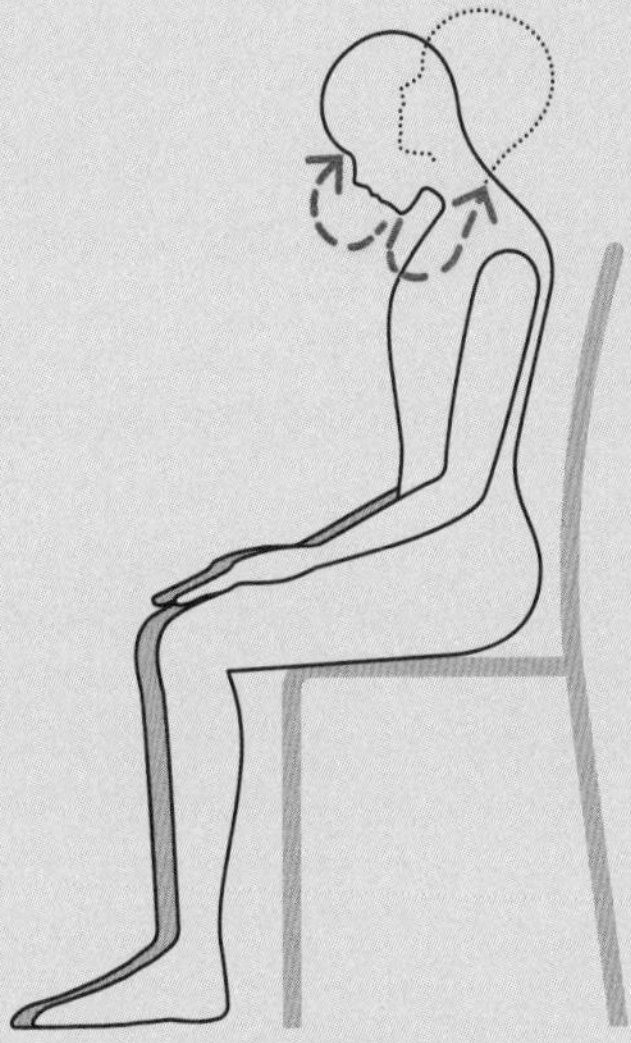

7

手を楽な位置に置いて、息を吐きながら頭を下に向ける。

呼吸をしながら、左右にゆっくりと首を回す。
左右各３回ずつ行う。

8

からだ全体をだらーんと前屈するかたちで前に倒す。

からだの力を抜き、背骨と背中全体に息を通すように、背中側の膨らみを感じながらやさしく大きく呼吸する。

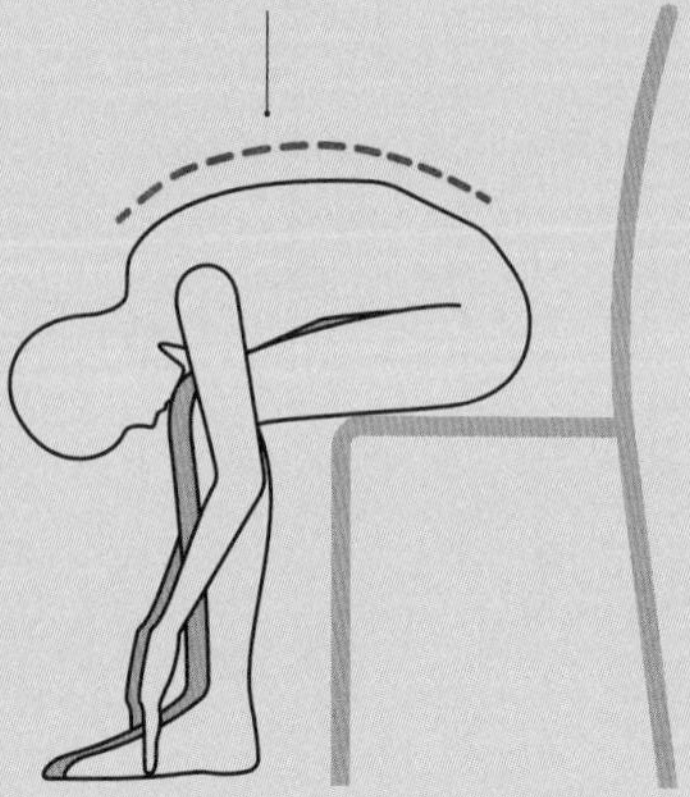
呼吸しながら背骨と背中全体をゆるめるイメージ

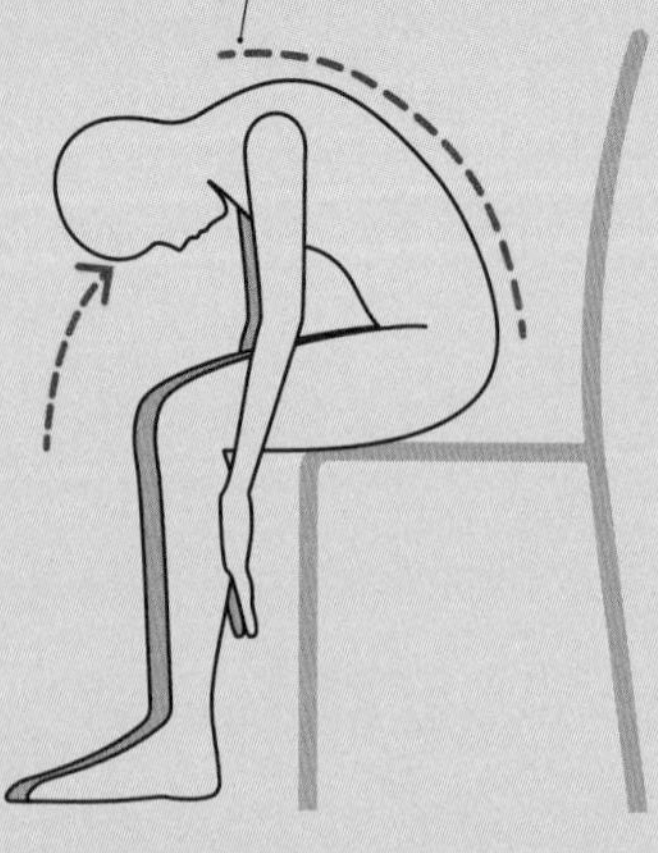
背骨をひとつひとつ積み上げるように起きていく

9

背中を丸めた状態でゆっくりとロールアップするように起き上がる。

最後に頭が背骨に乗ったら、口からハーッと息を吐いて、そのままゆっくりとからだ全体で呼吸をする。

10

1と同じ姿勢で座る。

坐骨から頭のてっぺんに向けて息を吸って、口から全身のチカラを解いて息を吐く。

手のひらや足の裏からも空間と大地に向かって、いらないものを出すように息を吐く。

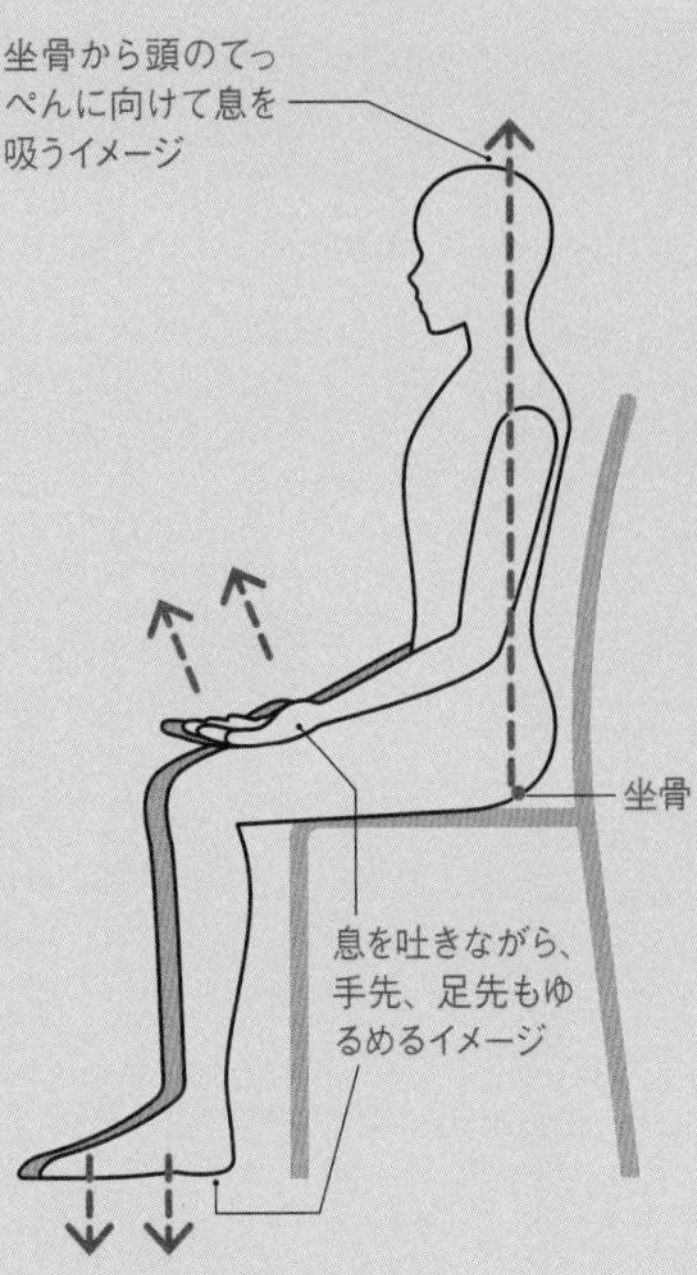
坐骨から頭のてっぺんに向けて息を吸うイメージ
坐骨
息を吐きながら、手先、足先もゆるめるイメージ

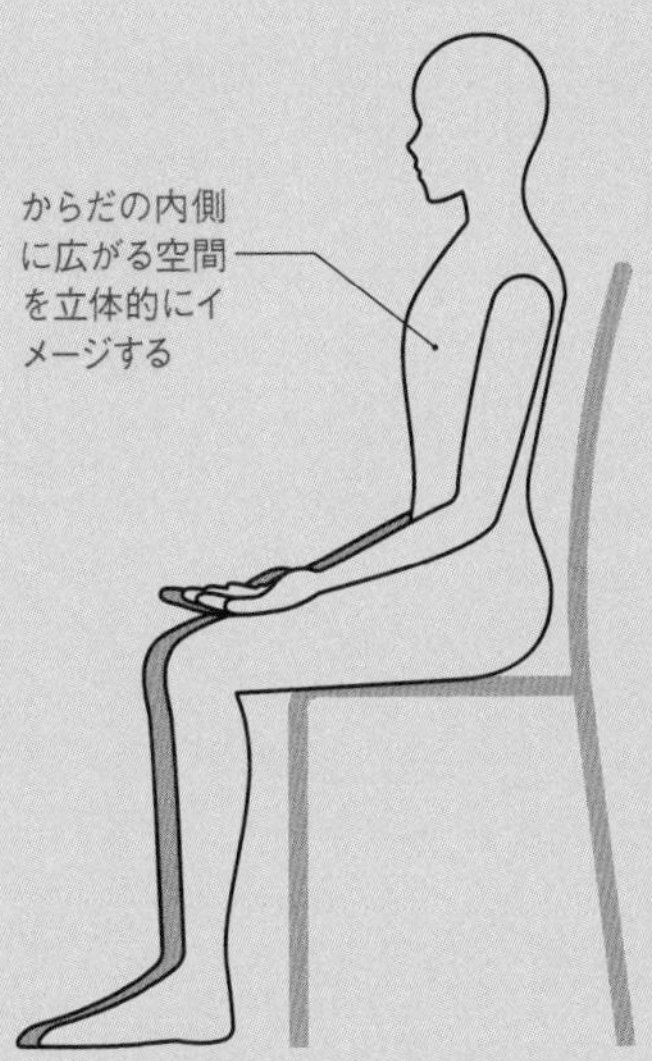
からだの内側に広がる空間を立体的にイメージする

11

自分のこころの内側にやさしく触れていくように、そのときに感じるからだの感覚を味わい、全身で息をしているように呼吸をする。

みなさんは、
自分自身で自分の人生を
つくっているという感覚はありますか。

あなたが本来の能力を発揮できるのは、
自分自身が本当にやりたいこと、
好きなこと、行きたいと願う道、
「こうありたい」というあり方に
出会ったときなのです。

そのために、
こころの深いところまで
自分のことを考え抜くこと。
自分を知る必要があります。
あなたが出会う人も、
あなたに起こる出来事も、
受け身ではなく、
自分がその一方の手綱を握っている
ということを忘れないでください。

人との出会いとは、
人生の大きな喜びのひとつです。
あなたは自分の深層の感情に触れて、
出会い、解《ほど》いて、
許して、放していいのです。

あなたが踏み出す1cm、0.1cmさえも、
本当に素晴らしい一歩です。
あなたはあなた自身の

人生の主人公であり、
潜在意識とは、あなたにとって
最も近い伴走者なのです。

あなた自身が、「この自分でよかった」と、
主人公としての自分と、その伴走者を
大切にできますように。

あとがき

本書と出会ってくださって、こころよりありがとうございます。

ここでは、こころとからだに根づいた深層のお話をお伝えしています。

わたしは、本質的な自己実現への伴走という一対一での関わりを、セラピストとして大切にしています。書籍は一対多として、全人的に伝えるというわたしの新たな試みでもありました。あなたが自身のこころとからだが発する声なき声に気づいて、本当に自分が望むことを見つけていく。本書を通じて、そうしたこころの解放のヒントを、地に足をつけてお伝えできたことに喜びを感じています。


言語化することが難しい、目には見えない世界のことをお伝えするにあたり、関わってくださったプロフェッショナルな方々と、幾多の相談を重ねながら、多大な時間をかけ、丁寧な編集作業で作り上げてきました。この素晴らしいチームでなければなしえなかった、愛おしい、大切な結晶のような一冊です。

出版社ワニブックスの青柳有紀さんは、類稀なる高い視点と広い視野で全体を見渡し、滑らかな感性とバランスで伴走をしてくださいました。同じく編集者の川上隆子さんは、わたしが伝えたい本質を温かくやさしく受け止め、やわらかな空気で導き続けてくださいました。ライターの井尾淳子さんは、わたしの言葉と意図を情熱を持って書き記し、わかりやすい文章にまとめてくださいました。装画と扉絵の福田利之さんは、目には見えない内側の解放について、その世界観を素晴らしい感性と多角的な視座で、描いてくださいました。

沢山の方々の支えとご縁に、こころから感謝しております。


読者のみなさま、あなたが幸福でありますように。

あなたのまわりのすべてが幸福でありますように。

あなた自身があなたを解放していくことを、大切にしていくことを、愛していくことを、こころより願っています。

2023年5月　セラピスト　OCO

わたしの
解放ガイド

OCO 著

2023年7月6日　初版発行

発行者　横内正昭
発行所　株式会社ワニブックス
〒150-8482
東京都渋谷区恵比寿4-4-9
えびす大黒ビル
ワニブックスHP　http://www.wani.co.jp/

お問い合わせはメールで受け付けております。

HPより「お問い合わせ」へお進みください。
※内容によりましてはお答えできない場合がございます。

印刷所　株式会社美松堂
DTP　三協美術
製本所　ナショナル製本

定価はカバーに表示してあります。

落丁・乱丁の場合は小社管理部宛にお送りください。

送料は小社負担でお取り替えいたします。

ただし、古書店等で購入したものに関してはお取り替えできません。

本書の一部、または全部を無断で複写・複製・転載・公衆送信することは法律で定められた範囲を除いて禁じられています。

©OCO2023
ISBN978-4-8470-7320-5

STAFF

装画・本文扉イラスト
福田利之

デザイン
橋田浩志（attik）

文
井尾淳子

本文図版
永井麻美子

校正
玄冬書林

編集協力
フライスタイド

編集
青柳有紀
川上隆子
（ワニブックス）